MW01227116

Talk 脱口说汉语
Chinese
Series

主编／李淑娟
英文改稿／ Andy Tan

应急口语

Emergency Talk

华语教学出版社
SINOLINGUA

First Edition 2006

ISBN 7-80200-224-9

Published by Sinolingua
24 Baiwanzhuang Road, Beijing 100037, China
Tel: (86)10-68995871
Fax: (86)10-68326333
E-mail: fxb@sinolingua.com.cn
Printed by Beijing Foreign Languages Printing House
Distributed by China International
Book Trading Corporation
35 Chegongzhuang Xilu, P.O. Box 399
Beijing 100044, China

Printed in the People's Republic of China

Preface

After months of arduous writing, this spoken Chinese learning series *Talk Chinese*, a crystallization of many teachers' hard work, has finally hit the road. As Chinese keeps warming up in today's world, the publication of such a series will no doubt arouse another heat in learning Chinese. Along with the rapid development of the Chinese economy, more and more people have realized the importance and necessity of the Chinese language in communications between people, which not only reflect in economy and trade, but mainly in our daily lives, work and study. Today, China has caught the eyes of the world. The number of people who invest, work, travel and study in China is constantly increasing. Therefore, to learn Chinese, especially colloquial Chinese well, has naturally become an urgent need for these people. In view of no such complete series of teaching spoken Chinese in the market at present, and to meet the demands of the market in learning Chinese, especially spoken Chinese, we have spent a lot of energy on planning and compiling this series to meet the needs of readers.

Talk Chinese is the first series on practical colloquial Chinese compiled and developed based on the theory of "Practical Communicative Functions". It covers ten themes on social communication, life, travel, sports, leisure, shopping, emergency, campus, office, and IT and network. By imitating real life scenes of various situations, authentic, lively and practical oral expressions are revealed to allow learners to experience the charm of the Chinese language through lively, interesting and humorous situational conversations, and learn the most commonly used colloquial words, phrases, slangs, customary usages, everyday expressions and sentences. In another word, this is a very useful and practical encyclopedia on speaking Chinese. As long as one masters the contents of this series, one can respond fluently with the knowledge and oral expressions learned in whatever situations.

The characteristic of this series lies in its authentic, practical language expression, stresses on colloquialism, liveliness, and modernization of language. It selects high frequency words and the most vivid and authentic oral expressions used in daily life, work and study. One of my American friends who can speak perfect Chinese said to me after reading this series, "Very good. I think some expressions in the books are really typical, which I can't learn from other places." This shows that this series has made a breakthrough in Chinese learning materials, and achieved our original intention——that is to introduce the most typical, practical colloquial expressions to our friends who love Chinese, and allow them to use these expressions as soon as they learn them.

Besides, we've also included a "related expressions" by listing more expressions and words related to the themes in order to make it convenient for learners to expand their language competency and enlarge their vocabularies.

In addition, to better help learners to know Chinese and the Chinese culture, we've set up a column of "Language and Cultural Tips" with the intention to introduce some common usage and grammatical knowledge, common mistakes and point out words and expressions that are easily confused, as well as tips on cultural background of the language. Our goal is not only to help learners learn Chinese expressions, but also get to know the cultural connotations and language knowledge.

We know that learning and practicing is linked together. One can't reach the goal of learning without practicing, so at the back of each unit we've put together some exercises, emphasizing on listening and speaking to assist learners in mastering what they have learned through practice.

I think everyone has his/her own ways of learning. As the saying goes, "Every major road leads to Rome." We believe that as long as one tries hard, one can learn Chinese well no matter which ways and methods they adopt. We sincerely hope this series will be of some help in raising your real ability of speaking in Chinese.

We often say "Reading enriches the mind" to encourage people to read widely. Today, we use this phrase to invite you walk into this series, where you will discover there are so many interesting words and sentences you have yet to learn. What are you waiting for? Come on, let's get started!

Chief compiler: Li Shujuan

前　言

在经过了数月艰苦的笔耕之后，这套凝聚着众多老师心血的《脱口说汉语》大型汉语口语系列图书终于与大家见面了。在汉语不断升温的今天，这套系列图书的出版无疑将掀起汉语学习的又一个热潮。随着中国经济的迅猛发展，越来越多的人意识到汉语在人与人之间的交流与沟通上的重要性和必要性，这不仅仅体现在经贸方面，更主要的是体现在每日生活、工作和学习上。今天的中国已经成为世人注目的焦点，来华投资、工作、旅游、学习的人在不断扩大。学好汉语，特别是口语，自然成为这个群体的迫切要求，鉴于目前市场上尚无如此全面的学习汉语口语的系列图书，为了满足人们学习汉语，特别是汉语口语的需求，我们精心策划并编写了这套系列图书，以飨读者。

《脱口说汉语》是国内第一套以“实用交际功能”为理念开发编写而成的汉语口语实用系列，内容涵盖社交、生活、旅游、运动、休闲、购物、应急、校园、职场、IT 网络十大主题。通过模拟发生在真实生活中各种各样的场景，再现地道、鲜活、实用的口语表达形式，让学习者从一个个生动、有趣、幽默的情景对话中体味汉语的魅力，学习掌握最常见、最口语化的词汇、短语、俚语、惯用语、常用语和常用句。可以说，这是一套实用性极强的口语小百科。只要掌握了这套系列的内容，无论面对什么场合，都能运用所学的知识和口语对答如流。

这套系列图书的特点在于语言表达地道、实用，突出语言的口语化、生活化和时代化。书中所收录的都是生活、工作和学习中所使用的高频词和最生动、活泼、地道的口语。我的一个中文讲得非常好的美国朋友在看过我这套系列图书之后说:“很好,我觉得里面的一些说法特别地道,在别的地方学不到。”它表明这套系列图书,在汉语学习教材的编写上还是具有一定突破性的,也达到了我们编写的初衷,那就是要将汉语最精彩、实用的口语介绍给热爱汉语的朋友。让他们学了就能用,而且是活学活用。

此外,我们还另设有一个“相关用语”,把更多与主题相关的词句列出,目的是方便学习者拓展语言能力,扩大词汇量。

另外,为了更好地帮助学习者了解汉语和中国文化,我们特别开辟了一个“语言文化小贴士”栏目,向学习者介绍一些语言的使用和文法知识、词语在使用中常见的错误和易混的地方,以及语言的文化背景小提示,让学习者不仅学会汉语的表达,也了解其背后的文化内涵和语言知识。

我们知道,学与练是密不可分的,学而不练则达不到学的目的,所以在每个单元之后都有几个小练习,重点放在听说上,让学习者通过练习掌握所学知识。

我想每个人都有各自的学习方法,俗话说,“条条大路通罗马。”我们相信,只要努力,无论采取什么形式,都能学好汉语。我们衷心地希望这套系列图书能对学习者提高汉语口语的实际表达能力有所裨益。

我们常用“开卷有益”来鼓励人们去博览群书。今天我们用“开卷有益”邀你走进这套系列图书,你会发现这里有太多有趣的词语和句子是你从没有学到过的。还等什么?赶快行动吧!

主编:李淑娟

目　录

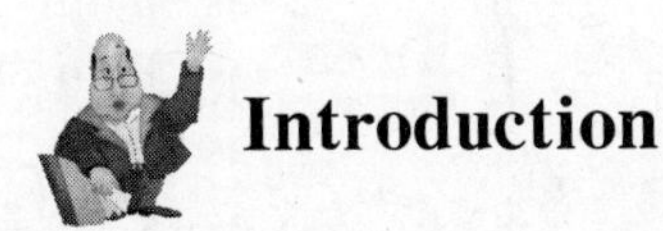

Introduction

Part 1 Learn Pinyin My Way

Chinese *Pinyin* is not difficult to learn. It mainly includes three parts: initials, finals and tones. In this chapter you'll be introduced to some basic knowledge of *Pinyin*, how to pronounce them, the differences between *Pinyin* and the English phonetics, and ways to remember them, so that you can read *Pinyin* easily and pronounce them in the later parts of the book. This will help you to study Chinese along with the audios by yourself.

1. Initials

There are 23 initials in Chinese *Pinyin*. Many of them have similar sounds to the English consonants. Please look at Table 1 and compare them with the English version.

Table 1 Chinese initials

Chinese letter	Sound	English word
b	p	as "b" in "book"
p	p‘	as "p" in "poor"
m	m	as "m" in "more"
f	f	as "f" in "four"

d	t	as "d" in "dog"
t	tʻ	as "t" in "text"
n	n	as "n" in "net"
l	l	as "l" in "learn"
g	k	as "g" in "green"
k	kʻ	as "k" in "kit"
h	x	as "h" in "her"
j	tɕ	as "j" in "jeep"
q	tɕʻ	as "ch" in "cheese"
x	ɕ	as "sh" in "shit"
z	ts	as"ds" in "sounds"
c	tsʻ	as"ts" in "lots"
s	s	as "s" in "sum"
zh	tʂ	as "j" in "journey"
ch	tʂʻ	as "ch" in "church"
sh	ʂ	as "sh" in "shirt"
r	ʐ	as "r"in "red"
w	w	as"w" in "woman"
y	j	as "y" in "you"

2. Finals

There are 35 finals in Chinese *Pinyin.* To be more specific, there are six single finals and 29 compound finals. The six single finals are: ɑ, o, e, i, u, and ü. Under each final there are several compound finals. The key to remember them, is to remember the six single finals first, then remember the compound finals of each final as a group. There is a rule in doing it. Look at Table 2 and compare them with the English version.

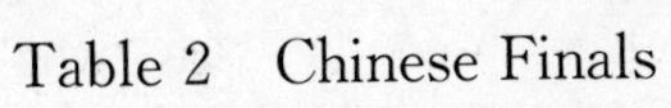

Table 2 Chinese Finals

Chinese letter	Sound	English word
a	A	as "ar" in "car"
ai	ai	I
an	ɑn	as "an" in "ant"
ang	ɑŋ	as "ong" in "long"
ao	ɑu	as "ou" in "out"
o	o	as "a" in "water"
ou	ou	oh
ong	uŋ	as "one" in "gone"
e	ɤ	as "ir" in "bird"
ei	ei	as "ay" in "may"
en	ən	as "en" in "end"
eng	əŋ	as"eng"in "beng"
er	ər	as "er" in "traveler"
i	i	as "ea" in "tea"
ia	iA	yah
iao	iɑu	as "yo" in "yoga"
ie	ie	as "ye" in "yes"
in	in	as "in" in "inside"
iu	iou	you
ian	iɛn	Ian
iang	iɑŋ	young
ing	iəŋ	as "ing" in "going"
iong	yuŋ	as "one" in "alone"
u	u	woo
ua	uA	as "wa" in "watt"
ui	uei	as "wee" in "sweet"
un	uən	won

uo	uo	as “wha” in “what”
uai	uai	why
uan	uan	when
uang	uaŋ	as “wan” in “want”
ü	y	
üe	ye	
ün	yn	
üan	yɛn	

3. Tones

The Chinese Mandarin has four tones—the first tone“-”, the second tone“ˊ”, the third tone“ˇ”, and the fourth tone“ˋ”. Different tones express different meanings. So it is important to master all four tones in order not to mislead others when you're speaking.

How does one practice the four tones is a common question. Here is one way to do it: Do you know how to sing songs? Yes, use that to help you. For example: ā, á, ǎ, à, the first tone“ā”is a high tone, so you should sing it high pitched as if you're saying the word “Hi”; the second tone goes from low to high as if you're saying the word “what?”; the third tone is like a valley, you can sing it as if saying the word “whoa”; and the fourth tone goes from high to low as if you're saying the word “Go!” Isn't it easy? Now let's practice the four tones.

ā	á	ǎ	à
ō	ó	ǒ	ò
ē	é	ě	è
ī	í	ǐ	ì
ū	ú	ǔ	ù

ū	ú	ǔ	ù
mā	má	mǎ	mà
妈	麻	马	骂
mother	hemp	horse	curse
wō	wó	wǒ	wò
窝		我	卧
nest		I	lie
gē	gé	gě	gè
哥	革	舸	个
brother	leather	barge	one unit of something (a measure word)
xī	xí	xǐ	xì
西	习	洗	细
west	study	wash	thin
hū	hú	hǔ	hù
呼	壶	虎	户
call	pot	tiger	household
jū	jú	jǔ	jù
居	局	举	句
reside	game	raise	sentence

Part 2 Learn Grammar My Way

As soon as the word grammar is mentioned, one may frown and sigh helplessly at the hardship of learning Chinese. As a matter of fact, learning Chinese grammar is not as difficult as learning the grammar of

other languages. The most difficult thing to learn might be the characters or remembering the strokes and how to write them. Chinese grammar is much easier. In this chapter, you'll be introduced to some basic rules or structures of the Chinese grammar, so that you can learn them by heart as you continue on to the later part of the book. As we did in the previous chapter, let's compare the Chinese grammar with the English grammar or that of other languages if necessary, so that you can get a clearer picture of the Chinese grammar.

After comparing the English grammar with the Chinese, do you find it easier to learn? Those are the basic rules of Chinese grammar. You'll learn more complex sentences after mastering these simple ones. Actually, the English and Chinese grammars have a lot in common. So look out for them as you study. Hope you'll enjoy learning Chinese with the help of this book.

汉语语法简介

A Sketch of Chinese Grammar

名称 Term	汉语 Chinese	英语 English	对比说明 Explanation
动词谓语句 Sentences with verb as the predicate	我学习汉语。 我明天上午去你家。 他们在门口等你。 老师坐飞机来北京。	I study Chinese. I'll go to your home tomorrow. They are waiting for you at the gate. The teacher comes to Beijing by plane.	跟英语句式基本相同，但时间、地点、方式都放在动词前边。 Its sentence structure is similar to the English, but the word of time, place and manner is put before the verb.
形容词谓语句 Sentences with adjective as the predicate	哥哥很忙。 我妈妈身体很好。	My brother is very busy. My mother's health is very good.	汉语主语跟形容词谓语之间不用"是"动词。 In Chinese no verb "be" is used between the subject and adjective predicate.
名词谓语句 Sentences with noun as the predicate	今天星期六。 一年十二个月。 明天 20 号。 他 30 岁。 我新来的。	Today is Saturday. There are twelve months in a year. Tomorrow is the 20th. He is thirty years old. I'm new here.	主语和谓语之间，可以用"是"也可以不用。但是用了"是"就不是名词谓语句了。 Verb "be" can either be used or not between the subject and the predicate. But if verb "be" is used, it is no longer an adjective predicate sentence.

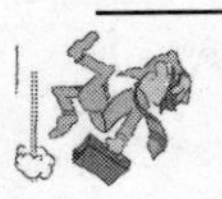

续表

名　称 Term	汉　语 Chinese	英　语 English	对比说明 Explanation
存现句 "There be" sentences	桌子上放着词典和书。 屋子里有人。 车上下来一个小孩儿。 墙上挂着一张画儿。	There are dictionaries and books on the table. There is someone in the room. There is a child getting off the bus. There is a picture on the wall.	"地方"可以作主语。这里的动词是"存在"的意思。 "place" can be used as a subject. The verb here means "existence".
"把"字句 Sentences with "ba"	我把钥匙丢了。 他把钱花光了。 你把钱给他。 你把行李拿下来吧。 她把这些东西搬出去了。 孩子们把椅子搬到教室外边去了。	I lost my key. He spent all his money. Give your money to him. Please take down the luggage. She moved these things out. Children moved chairs outside the classroom.	1. 谓语动词一般是及物动词。 2. 宾语多是名词。 3. 宾语是说话双方都知道的。 4. 谓语动词不能单独出现，后边必须跟"了""宾语"或者"补语"等。 5. 主要用来回答"宾语"怎么样了。 1. The predicate verb is usually a transitive verb. 2. The object is usually a noun. 3. The object is known by both sides of speakers. 4. The predicate verb cannot be used alone -it must be followed by "le", "object" or "complement" and so on. 5. It is mainly used to answer what happens to the object.

续表

名称 Term	汉语 Chinese	英语 English	对比说明 Explanation
被动句 Passive sentences	我被老师批评了一顿。 姐姐被气哭了。 自行车叫弟弟骑坏了。 楼盖好了。 菜买回来了。 作业我写完了。	I was criticized by the teacher. My sister got so upset that she cried. The bicycle was broken by my younger brother. The building was completed. The vegetables were bought. My homework is done.	汉语的被动句可以分为两类：一类是有标志"被""叫""让"的，放在动词前边。另一类是无标志的，我们叫意念上的被动句。受事者放在主语位置上，谓语放在它的后边，结构跟主谓谓语句一样，但表示的是被动的意思。 The passive sentences in Mandarin can be divided into two categories: One is signaled with "bei", "jiao", and "rang" put before the verb. The other is not signaled, which we call an imaginative passive sentence. The receiver is put in the subject position, followed by the predicate. The structure is the same to the subject + predicate sentence, but it indicates a passive meaning.
"是……的"句 "shi…de" sentences	我是昨天坐飞机来北京的。 我是在商店买的这件衣服。 他是出差来的。	I came to Beijing by plane yesterday. I bought this coat in a store. He came here on business.	"是……的"句表示强调，强调"时间""方式""地点""目的"等。 The "shi…de" sentence indicates emphasis, stressing on the "time", "manner", "place", "purpose" etc.

续表

名　称 Term	汉　语 Chinese	英　语 English	对比说明 Explanation
无主句 Sentences without a subject	下雨了。 刮风了。 上课了。	It's raining. Wind is blowing. It's time for class.	主语不需要出现时，可以不说出主语。 When a subject is not necessary, it is not used.
比较句 Comparative sentences	我跟你一样大。 哥哥比弟弟大两岁。 这双鞋比我的大一点儿。 他的口语比我的好得多。 妹妹比姐姐还(更)漂亮。 我儿子有桌子这么高。	I'm as old as you are. The elder brother is two years older than the younger one. These shoes are a little bigger than mine. His oral English is much better than mine. The younger sister is prettier than the elder one. My son is as tall as the table.	A 跟 B 一样+形容词 A 比 B+形容词+补充说明 只可以说"A 比 B 更(还)+形容词" A 有 B+形容词 A "gen" B "yiyang" (same) + adj. A "bi" B + adj. + additional explanation. A "bi" B "geng/hai" (more) + adj. A "you" (have) B + adj.

续表

名称 Term	汉语 Chinese	英语 English	对比说明 Explanation
反问句 Rhetorical questions	这不是你的笔吗?	Isn't this your pen?	"不是……吗?"用来对某事进行强调,意思是"这就是你的笔"。汉语的反问句中肯定句强调否定,否定句强调肯定。反问句的种类还有很多。 "bu shi…ma?" is used to stress sth. meaning "this IS your pen." In Chinese the positive sentence in a rhetorical question stresses on negative, while a negative sentence stresses on positive. There are other types of rhetorical questions.
名词的数 Number of noun	一张桌子　三张桌子 一把椅子　六把椅子 一个学生　一百个学生	a table, three tables a chair, six chairs a student, a hundred students	汉语的名词没有单数、复数的变化。 In Chinese, the noun has no changes to singular and plural numbers.

续表

名称 Term	汉语 Chinese	英语 English	对比说明 Explanation
方位词 Direction and location words	东、南、西、北、上、下、前、后、左、右、里、外、内、中间、旁…… 以东、以上、以内、以外、之前、之中、之间、之内、东边、左边、旁边、上边、东面、外面、下面、右面、东头、里头、上头、前头等	east, south, west, north, up, down, front, back, left, right, inside, outside, in, middle, aside… eastward, above, within, beyond, before, among, between, within, eastern, left, side, above, east side, outside, below, right side, east end, inside, over, in front, etc.	汉语的方位词分单纯方位词和合成方位词。单纯方位词一般不能单独使用。合成方位词是由以～、之～、～边、～面、～头组合而成。 The direction and location words are divided into pure words and compound words. The pure words are usually not used alone. The compound words are composed of "yi-", "zhi-", "-bian", "-mian", and "-tou".
疑问词"谁""什么""哪儿"等的位置 Interrogative words of place "shui" (who), "shenme" (what), "na'r" (where) etc.	谁是老师？ 你去哪儿？ 这是谁的书？ 你什么时候回家？ 你们怎么回学校？	Who is the teacher? Where are you going? Whose book is this? When will you go home? How will you go back to school?	疑问词在问句中可以做主语、宾语、定语、状语。 Interrogative words can be used as the subject, predicate, attribute, and adverbial in a question.

续表

名称 Term	汉语 Chinese	英语 English	对比说明 Explanation
数量词 Measure words (or Quantifiers)	我买了三本书。 他买了五辆自行车。 浴室里挂着两面镜子。	I bought three books. He bought five bicycles. Two mirrors are hung in the bathroom.	汉语的量词非常丰富。数词和名词之间必须要有一个量词。 There are plenty of measure words or quantifiers in Chinese. There must be a measure word between numerals and nouns.
动词 Verbs	看——看看、看一下、看一看、看了看 学习——学习学习、学习一下、学习了学习	look, have a look, look at study, learn	汉语的动词可以重叠使用。 Verbs in Chinese can be duplicated.
"了" "le"	昨天下午,我参观了历史博物馆。 我把这本小说看完了。 他坐起来下床穿上鞋走了出去。 我不去看电影了。	I visited the Historical Museum yesterday afternoon. I've finished reading the novel. He sat up, put on his shoes, got off the bed, and went out. I won't go to the movie.	"了"放在动词或者句子后边表示: 1. 在一个具体的时间,这个动作完成了。 2. 这件事情完成了。 3. 在连续的几个动作发生时,"了"放在最后一个动词后边。 4. "了"表示事情发生了变化。 The word "le" following a verb or a sentence indicates: 1. The action is completed within a specific time. 2. This thing has been done. 3. When a series of actions are taking place, "le" is put behind the last verb. 4. "le" indicates something has changed.

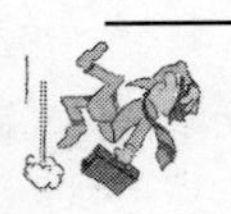

续表

名　称 Term	汉　语 Chinese	英　语 English	对比说明 Explanation
"着" "zhe"	他在椅子上坐着。 他穿着中式衣服。 床上躺着一个小孩子。	He is sitting on a chair. He is wearing Chinese-style clothes. A child is lying on the bed.	"着"放在动词后边表示：处于持续状态的动作或者样子。 The word "zhe" following a verb indicates it is in a state of continuous actions or mode.
"过" "guo"	我学过汉语。 我去过上海。 他没来过这儿。	I have studied Chinese. I have been to Shanghai. He hasn't been here.	"过"用在动词后表示：强调某种动作曾经发生过或者强调某种经历。 The word "guo" following a verb indicates a certain action has happened or a certain experience is being stressed.
正在…… ……呢 正……呢 在……呢 正在……呢 zheng zai… …ne zheng…ne zai … ne zheng zai…ne	现在他正在吃饭。 我吃饭呢，不去送你了。 他没时间，他正开会呢。 他没出去，他在睡觉呢。 我正在吃饭呢，你别问我了。	He is having his meal now. I'm having a meal so I won't see you off. He has no time because he's having a meeting. He is not out. He's sleeping. I'm having a meal. Please don't ask me.	"正在……、……呢、正……呢在……呢、正在……呢"表示某个动作正在进行中。 "zheng zai…", "…ne", "zheng…ne", "zai…ne", "zheng zai…ne", and "zheng zai…ne" indicate an action is going on right now.

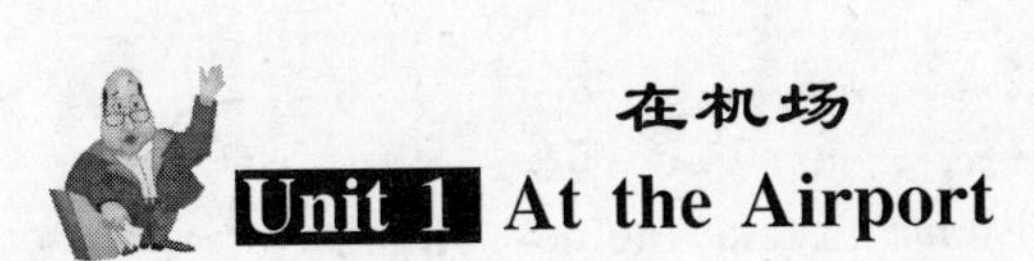

在机场
Unit 1 At the Airport

必备用语
Key Expressions

Zài nǎr bànshǒu xù
◉ 在哪儿办手续？
Where can I check in?

Wǒ qù
◉ 我去……。
I'm going to...

Wǒ lái wǎn le
◉ 我来晚了。
I'm late.

Fēi jī jǐ diǎn qǐ fēi
◉ 飞机几点起飞？
What time is the plane scheduled to take off?

Fēi jī shén me shí hou dào
◉ 飞机什么时候到……？
When is the plane scheduled to arrive?

Wǒ yào wǎn yì diǎnr dào
◉ 我要晚一点儿到。
I'll be there a little later.

Wǒ méi yǒu gǎnshang fēi jī

◉ 我没有赶上飞机。

I missed the plane.

Wǒ děi chéng xià yí cì bān jī

◉ 我得乘下一次班机。

I'll have to take the next flight.

Zài nǎr qǔ xíng li

◉ 在哪儿取行李?

Where can I claim my luggage?

Wǒ de xíng li bú jiàn le

◉ 我的行李不见了。

My luggage is gone.

Wǒ de xíng li zěn me bàn

◉ 我的行李怎么办?

What about my luggage?

Wǒ shén me shí hou néng ná dào xíng li

◉ 我什么时候能拿到行李?

When can I get my luggage?

Wǒ dào le

◉ 我到了。

Here I am; I've arrived.

Nǐ zài nǎr

◉ 你在哪儿?

Where are you?

Wǒ zài

◉ 我在……

I'm . . .

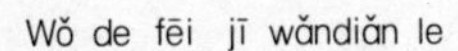
Wǒ de fēi jī wǎndiǎn le

◉ 我的飞机晚点了。

My plane is delayed.（late；behind schedule）

情景对话 Situational Dialogues

1. 赶上飞机 Catching a plane

Bǐ dé　Wǒ yào qù Běi jīng　zài nǎr　bàn shǒu xù

彼得：我要去北京，在哪儿办 手续？

Peter：I'm going to Beijing. Where can I check in?

Jī chǎng rén yuán　Zài nàr

机场人员：在那儿。

Ground Crew：Over there.

Bǐ dé　Xiè xie

彼得：谢谢！

Peter：Thank you.

Jī chǎng rén yuán　Nín shì qù Běi jīng ma

机场人员：您是去北京吗？

Ground Crew：Are you going to Beijing?

Bǐ dé　Duì

彼得：对。

Peter：Yes.

Jī chǎng rén yuán　Hái méi yǒu bàn shǒu xù ma

机场人员：还没有办手续吗？

Ground Crew：Have you checked in yet?

Bǐ dé　Shì de

彼得：是的。

Peter：No，I haven't.

Jī chǎng rén yuán　Nín de jī piào　Hù zhào

机场人员：您的机票？护照？

Ground Crew：May I have your plane ticket，and pass-

port please?

Bǐ dé Zài zhèr
彼得:在这儿。

Peter: Here they are.

Jī chǎng rén yuán Yǒu xíng li ma
机场人员:有行李吗?

Ground Crew: Any luggages?

Bǐ dé Yǒu yí gè
彼得:有,一个。

Peter: Yes, one.

Jī chǎng rén yuán Bǎ jī piào hù zhào huán gěi Bǐ dé ná zhe
机场人员:(把机票、护照还给彼得)拿着。

Ground Crew: (returns plane ticket and passport to Peter) Here you are.

Bǐ dé Hǎo de
彼得:好的。

Peter: Good.

Jī chǎng rén yuán Shí'èr hào dēng jī kǒu Kuài diǎnr fēi jī mǎ shàng jiù yào qǐ fēi liǎo
机场人员:12号登机口。快点儿,飞机马上就要起飞了。

Ground Crew: Boarding gate 12. Please hurry up! The plane is about to take off.

Bǐ dé Duō xiè
彼得:多谢!

Peter: Thanks a lot.

2. 误机 Missing the plane

Bǐ dé Wǒ yào qù Běi jīng zài nǎr bàn shǒu xù
彼得:我要去北京,在哪儿办手续?

Peter: I'm going to Beijing. Where can I check in?

Jī chǎng rén yuán Zài nàr
机场人员:在那儿。

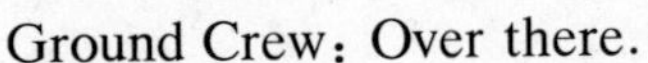

Ground Crew：Over there.

Bǐ dé Xiè xie
彼得：谢谢！

Peter：Thank you.

zài fú wù tái
（在服务台）

Bǐ dé Duì bu qǐ wǒ lái wǎn le
彼得：对不起，我来晚了。

Peter：I'm sorry I'm late.

Jī chǎng rén yuán Zhēn bào qiàn qù Běi jīng de fēi jī yǐ jīng tíng zhǐ bàn shǒu xù le
机场人员：真抱歉，去北京的飞机已经停止办手续了。

Ground Crew：Well, I'm sorry. The plane to Beijing has already stopped checking in.

Bǐ dé Néng biàn tōng yí xià ma
彼得：能变通一下吗？

Peter：Could you make an exception?

Jī chǎng rén yuán Tài wǎn le Fēi jī mǎ shàng jiù yào qǐ fēi le
机场人员：太晚了。飞机马上就要起飞了。

Ground Crew：Too Late. The plane is about to take off.

Bǐ dé Zhēn zāo gāo Dōu shì dǔ chē nào de
彼得：真糟糕！都是堵车闹的。

Peter：Too bad. It was all caused by the traffic jam.

Jī chǎng rén yuán Nín zhǐ hǎo chéng xià yì bān jī le
机场人员：您只好乘下一班机了。

Ground Crew：You can take the next flight.

Bǐ dé Xià yì bān jī jǐ diǎn qǐ fēi
彼得：下一班机几点起飞？

Peter：What time does the next flight leave?

Jī chǎng rén yuán Xià wǔ liù diǎn shí fēn
机场人员：下午6点10分。

Ground Crew：6:10 pm.

Bǐ dé Wā sāi hái yǒu sì gè xiǎo shí ne
彼得：哇塞，还有四个小时呢！

Peter：Wow, that's not for another four hours.

Jī chǎng rén yuán Duì ya
机场人员：对呀！

Ground Crew：Yeap.

Bǐ dé Nà fēi jī shén me shí hou dào Běi jīng
彼得：那飞机什么时候到北京？

Peter：What time will the plane arrive in Beijing then?

Jī chǎng rén yuán Wǎnshang bā diǎn shí fēn
机场人员：晚上8点10分。

Ground Crew：8:10 in the evening.

Bǐ dé Méi zhé le wǒ zhǐ néng děng le
彼得：没辙了，我只能等了。

Peter：I've no choice then. I can only wait.

Dǎ diàn huà
（打电话）

（Making a phone call.）

Bǐ dé Wèi shì xiǎoguāng ma Wǒ shì Bǐ dé Wǒ yào wǎn yì diǎnr dào
彼得：喂，是小光吗？我是彼得。我要晚一点儿到。

Peter：Hello, is that xiaoguang? This is Peter. I will be there a little later.

Xiǎoguāng Chū shén me shì le
小光：出什么事了？

xiaoguang：What happened?

Bǐ dé Wǒ méi yǒu gǎn shàng fēi jī Wǒ děi chéng xià yí cì bān jī
彼得：我没有赶上飞机。我得乘下一次班机。

Peter：I missed the plane, so I'll have to take the next flight.

Xiǎoguāng Jǐ diǎndào
小光：几点到？

xiaoguang：When will it arrive?

Bǐ dé Wǎnshangbā diǎn shí fēn
彼得：晚上8点10分。

Peter：8:10 in the evening.

Xiǎoguāng Zhī dào le zài jiàn
小光：知道了，再见。

xiaoguang：Alright，I'll see you later then.

3. 行李丢失 losing luggage

Bǐ dé Zài nǎr qǔ xíng li
彼得：在哪儿取行李？

Peter：Where can I claim my luggage?

Jī chǎng rén yuán Zài sì hào
机场人员：在4号。

Ground Crew：At No. 4 Baggage Claim

Bǐ dé Ài zěn me méi yǒu wǒ de xíng li Zhēn qí guài
彼得：哎，怎么没有我的行李？真奇怪！

Peter：Well，there is no sign of my luggage. How strange!

(At the information desk in the airport)

Bǐ dé Xiǎo jiě wǒ de xíng li bú jiàn le
彼得：小姐，我的行李不见了。

Peter：Miss，my luggage is gone.

Jī chǎng rén yuán Nín chéng zuò de shì shén me hángbān
机场人员：您乘坐的是什么航班？

Ground Crew：What flight were you on?

Bǐ dé Shēn zhèn dào Běi jīng de èrlínglíngyī cì
彼得：深圳到北京的CA 2001次。

Peter：CA2001 from Shenzhen to Beijing.

Jī chǎng rén yuán Nín de xíng li pái ne
机场人员：您的行李牌呢？
Ground Crew: Where is your luggage tag?

Bǐ dé Zài zhèr
彼得：在这儿。
Peter: Here it is.

Jī chǎng rén yuán Hǎo de qǐng nín zài zhè li dēng jì yí xià
机场人员：好的，请您在这里登记一下。
Ground Crew: OK. Please register here.

Bǐ dé Dēng jì wán hǎo le Nà wǒ de xíng li zěn me bàn
彼得：（登记完）好了。那我的行李怎么办？
Peter: (after registration) Well, what about my luggage then?

Jī chǎng rén yuán Fàng xīn zhǎo dào nín de xíng li hòu wǒ men huì tōng zhī nín
机场人员：放心，找到您的行李后，我们会通知您。
Ground Crew: Don't worry, we'll inform you when we find your luggage.

Bǐ dé Hǎo ba Wǒ dà gài shén me shí hou néng ná dào xíng li
彼得：好吧。我大概什么时候能拿到行李？
Peter: All right. When will I most likely get my luggage?

Jī chǎng rén yuán Míng tiān wǒ men huì gěi nín sòng qù
机场人员：明天。我们会给您送去。
Ground Crew: Tomorrow. We'll send it over to you.

Bǐ dé Nà tài hǎo le xiè xie
彼得：那太好了，谢谢！
Peter: That's great. Thank you.

Jī chǎng rén yuán Nín tài kè qi le zhè shì wǒ men yīng gāi zuò de
机场人员：您太客气了，这是我们应该做的。
Ground Crew: You're welcome, it's our pleasure.

(Calling to his friend xiaoguang.)

Bǐ dé　Xiǎoguāng　wǒ dào le　Nǐ zài nǎr

彼得：小光，我到了。你在哪儿？

Peter：xiaoguang，here I am. Where are you?

Xiǎoguāng　Wǒ zài ān jiǎn chū kǒu zhè lǐ

小光：我在安检出口这里。

xiaoguang：I'm at the security check exit.

Bǐ dé　Hǎo de　wǒ mǎ shàng jiù guò qù　Yí huìr　jiàn

彼得：好的，我马上就过去。一会儿见。

Peter：OK. I'll be there soon. See you later.

词汇 Vocabulary

对话 1

要去　yào qù/be going to

哪儿　nǎr /where

那儿　nàr /there

办手续　bàn shǒuxù /check in

谢谢　xièxie /thanks，thank you

有　yǒu /have，yes

机票　jīpiào /plane ticket

护照　hùzhào /passport

这儿　zhèr /here

行李　xíngli /luggage

拿着　názhe /hold，take

好的　hǎo de /OK

登机口　dēngjīkǒu /boarding gate

快点儿　kuài diǎnr /hurry up

飞机　fēijī /plane
马上　mǎ shàng /at once，soon，right now
就要　jiù yào /be about
起飞　qǐfēi /take off
多谢　duōxiè /thanks a lot

对话 2

对不起　duìbuqǐ / sorry，excuse me
来晚了　láiwǎn le / be late，come late
真抱歉　zhēn bàoqiàn / so sorry
已经　yǐjīng / already
停止　tíngzhǐ / stop
能　néng / can
变通　biàntōng / make an exception，be flexible
太晚了　tài wǎn le / too late
真糟糕　zhēn zāogāo / too bad
堵车　dǔchē / traffic jam
闹的　nào de / be troubled by，be caused
只好　zhǐhǎo / have to
乘　chéng / take
下一班机　xià yì bānjī / next flight
几点　jǐ diǎn / what time
还有　hái yǒu / there is / are
小时　xiǎoshí / hour(s)
什么时候　shénme shíhou / what time
到（达）　dào（dá）/ arrive
没辙　méizhé /can find no way out，be at the end of

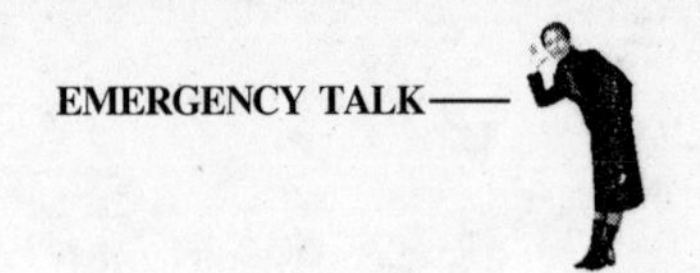

one's rope

只能　zhǐnéng / can only

等　děng / wait

晚一点儿　wǎn yìdiǎnr / be a little late

知道　zhīdào / know

再见　zàijiàn / bye

对话 3

取行李　qǔ xínglǐ / claim luggage

怎么　zěnme / how

真奇怪　zhēn qíguài / how strange

乘坐　chéng zuò / take

航班　hángbān / flight

行李牌　xínglipái / luggage tag

登记　dēngjì / register

怎么办　zěnme bàn / how to do

放心　fàngxīn / take it easy, don't worry

找到　zhǎodào / find

通知　tōngzhī / inform

大概　dàgài / probably, maybe

什么时候　shénme shíhòu / when

拿到　nádào / get

明天　míngtiān / tomorrow

送去　sòngqù / send over

这是　zhèshì / this is

应该　yīnggāi / should, ought to

做　zuò / do

到了　dào le / arrive

安检　ānjiǎn / security check

出口　chūkǒu / exit

过去　guòqù / go over there

一会儿见　yíhuìr jiàn / see you later, see you in a while

相关用语 Relevant Expressions

dà tīng
◉ 大厅
hall, lobby

hǎi guān
◉ 海关
customs

wèn xùn chù
◉ 问讯处
information office, information counter

hòu jī tīng
◉ 候机厅
waiting lounge

rù kǒu
◉ 入口
entrance

chū kǒu
◉ 出口
exit

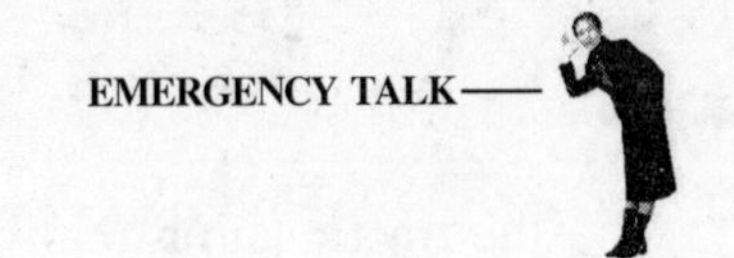

Wǒ zài děng nǐ
◉ 我在……等你。
I'm waiting for you at ….

语言文化小贴士
Language Tips

1. 随着人们生活水平的提高,汽车变得越来越多,人们在享受高质量生活的同时,也增加了不少烦恼,堵车就是其中之一。堵车也可以说成塞车。堵车严重时,就可以说“暴堵”,它源自一种名为“爆肚儿”的北京小吃,取其音。

As our standard of living improves, the number of motor vehicles on the road has risen. This high quality of life that we are enjoying has also brought some annoyances into our lives. Traffic jam is one of them. Traffic jam in Chinese is “dǔchē” or “sāichē”. When

the traffic jam is really bad, we can say "bàodǔ". This expression originates from the name of a Beijing dish called "bàodǔr", mainly taking the sound of it.

2. "都是(某人)闹的"是一种常见的口语表达方式，意思是责怪某人，因为某人或某事使得说话者没有做好某事。例如：都是你闹的，我又把这个字写错了。

"Dōushì ... nào de" is a common oral expression, meaning to complain about sb. or to blame sb. for sth. because that sb. or sth. caused the speaker not to do something well. For example, "It's you who caused me to write this character wrong again."

练　习
Exercises

1. 请说出5个在机场使用的关键词语。Please list five key words or phrases that are commonly used at the airport.

2. 替换练习。请将带有下划线的名词替换成其他名词。Replace exercises. Please replace the underlined noun with another noun.

我要去<u>北京</u>

1) 我要去______________。

2) 我要去______________。

3) 我要去______________。

3. 根据所给的词，用"在哪儿……?"提问。Using the words given below, please form questions with "在哪儿……?".

1) 办手续

2) 取行李

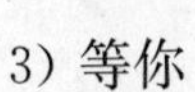

3）等你

4）登记

5）上飞机

答案 Answers：

1.

1）在哪儿办手续？

2）飞机

3）行李

4）起飞

5）几点到？

2.

1）上海

2）广州

3）西安

住 宿
Unit 2 Accommodation

必备用语
Key Expressions

Zhè fù jìn yǒu lǚ guǎn ma
◉ 这附近有旅馆吗？
Is there a hotel nearby?

Nǎ lǐ yǒu lǚ guǎn
◉ 哪里有旅馆？
Where can I find a hotel?

Nǐ zhī dào nǎ gè lǚ guǎn hǎo ma
◉ 你知道哪个旅馆好吗？
Do you know which hotel is good?

Wǒ yào pián yi diǎnr de lǚ guǎn
◉ 我要便宜点儿的旅馆。
I would like a cheaper hotel.

Tài guì de lǚ guǎn wǒ zhù bù qǐ
◉ 太贵的旅馆我住不起。
I can't afford a very expensive hotel.

Yǒu kòngfáng ma
◉ 有空房吗？
Is there a room available?

Qǐng gěi wǒ kāi jiān fáng
◉ 请给我开间房。
I'd like a room, please.

Zhù yì tiān yào duōshao qián
◉ 住一天 要 多少 钱?
How much is it for a day?

Zěn me zǒu
◉ 怎么走?
How to get there?

情景对话 Situational Dialogues

1. 寻找旅馆 Looking for a hotel

Jié kè Qǐngwèn zhè fù jìn yǒu lǚ guǎn ma
杰克:请问,这附近有旅馆 吗
Jack: Excuse me, is there a hotel nearby?

Lù rén ò duì bu qǐ wǒ yě bù qīngchu
路人1:哦,对不起。我也不清楚。
Passerby 1: Oh, sorry. I don't know.

Jié kè Láo jià qǐngwèn nǎ lǐ yǒu lǚ guǎn
杰克:劳驾,请问,哪里有旅馆?
Jack: Excuse me, where can I find a hotel?

Lù rén ń hǎoxiàng qiánmiàn yǒu yì jiā
路人2:嗯,好像 前面 有一家。
Passerby 2: Hmm, it seems there is one ahead (in front).

Jié kè Yuǎn ma
杰克:远 吗?
Jack: Is it far?

Lù rén Bù yuǎn guò le nà tiáo jiē jiù shì
路人2:不远,过了那条街就是。

Passerby 2：Not very far. It's right across that street.

Jié kè Tài gǎn xiè le

杰克：太感谢了。

Jack：Thank you very much.

Lù rén Bú yòng xiè

路人2：不 用 谢。

Passerby 2：You're welcome.

2. 去旅馆 Going to the hotel

Bǐ dé Āi zhōng yú dào Běi jīng le

彼得：哎，终 于到北京 了。

Peter：Well, here I am in Beijing at last.

Xiǎoguāng Yí lù xīn kǔ le

小 光 ：一路辛苦了。

xiaoguang：You must be tired.

Bǐ dé Xiān shì wù jī jiē zhe jiù shì děng xià yì bān jī zuì hòu shì děng xíng li Zhēn dǎo méi

彼得：先是误机，接着就是等下一班机，最后是等行李。真倒霉！

Peter：First, I missed the plane, then I had to wait for the next flight, and finally my luggage. What bad luck!

Xiǎoguāng Méi cuò shì gòu bè de Kuài qù lǚ guǎn xiū xī qù ba

小 光 ：没 错，是够背的。快去旅馆休息去吧。

xiaoguang：Right, you surely are unlucky. Come on, let's go to the hotel and have a rest.

Bǐ dé Nǐ zhǎo hǎo lǚ guǎn le

彼得：你找好旅馆了？

Peter：Have you found a hotel?

Xiǎoguāng Zhǎo hǎo le

小 光 ：找 好了。

xiaoguang：Yes.

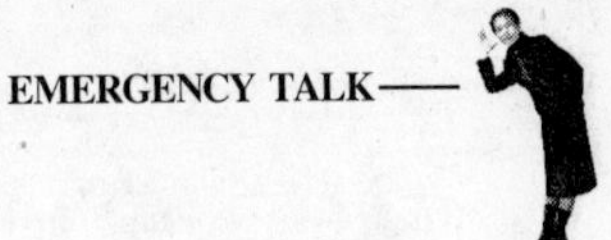

Bǐ dé　Nǐ zhī dào nǎ gè lǚ guǎn hǎo ma
彼得：你知道哪个旅馆好吗？
Peter：Do you know which hotel is good?

Xiǎoguāng　Dāng rán le　Zhè dì fang wǒ bèir shóu　Nǎ gè lǚ guǎn hǎo nǎ gè lǚ guǎn bù hǎo ménr qīng
小光：当然了。这地方我倍儿熟。哪个旅馆好，哪个旅馆不好，门儿清。
xiaoguang：Of course. I know this place like the back of my hand. (I'm very familiar with this place) Which hotel is good, which hotel is bad, I know it pretty well.

Bǐ dé　Wǒ yào pián yi diǎnr de lǚ guǎn　Tài guì de wǒ zhù bu qǐ
彼得：我要便宜点儿的旅馆。太贵的我住不起。
Peter：I would like a cheaper hotel. I can't afford a very expensive one.

Xiǎoguāng　Nǐ jǐn guǎn fàng xīn　wǒ zhǎo de lǚ guǎn zhǔn méi cuò
小光：你尽管放心，我找的旅馆准没错。
xiaoguang：You can set your heart at ease. There's no problem at all with the hotel I've found for you.

Bǐ dé　Nà jiù hǎo
彼得：那就好。
Peter：That's good.

3. 办理入住手续 Check in

Lǚ guǎn fú wù yuán　Xiānsheng　nǐ hǎo　Yào zhù sù ma
旅馆服务员：先生，你好。要住宿吗？
Front Desk Personnel：Hello, sir. Would you like a room?

Jié kè　Shì de　nǐ zhè lǐ yǒu kòng fáng ma
杰克：是的，你这里有空房吗？
Jack：Yes. Is there an empty room available?

Lǚ guǎn fú wù yuán Yǒu
旅馆服务员：有。

Front Desk Personnel: Yes.

Jié kè Hǎo qǐng gěi wǒ kāi jiān fáng
杰克：好，请给我开间 房。

Jack: Good. I'd like a room, please.

Lǚ guǎn fú wù yuán Dān rén fáng hái shì shuāng rén fáng
旅馆服务员：单人房还是 双 人房？

Front Desk Personnel: A single room or a double room?

Jié kè Dān rén fáng Zhù yì tiān yào duō shao qián
杰克：单人房。住一天要多少钱？

Jack: A single room. How much is it for a day?

Lǚ guǎn fú wù yuán yìbǎièrshí Yuán Zhù jǐ tiān
旅馆服务员：120 元。住几天？

Front Desk Personnel: 120 yuan per day. How many days would you be staying?

Jié kè Zhù sān tiān
杰克：住 三 天。

Jack: For three days.

Lǚ guǎn fú wù yuán Yǒu shēn fèn zhèng huò hù zhào ma qǐng gěi wǒ kàn yí xià
旅馆服务员：有 身份证 或护照 吗？请给我看一下。

Front Desk Personnel: Do you have an I.D. card or a passport? Please let me have a look.

Jié kè Hǎo de Zài zhèr
杰克：好的。在这儿。

Jack: Yes. Here it is.

Lǚ guǎn fú wù yuán Qǐng shōuhǎo Má fan nǐ xiān jiāo yā jīn wǔbǎi yuán
旅馆服务员：请 收好。麻烦你先 交押金500元。

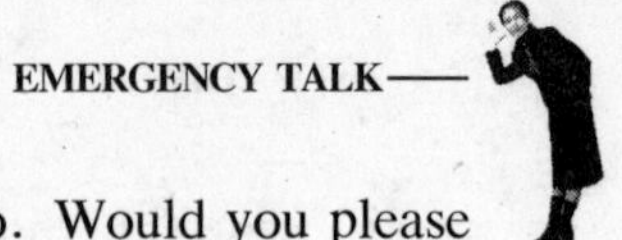

Front Desk Personnel: Here you go. Would you please pay 500 yuan as deposit?

Jié kè Gěi nǐ
杰克：给你。

Jack: Here you are.

Lǚ guǎn fú wù yuán Tuì fáng shí zài jié zhàng duō tuì shǎo bǔ Zhè shì nín de fáng mén yào shi
旅馆服务员：退房时再结账，多退少补。这是您的房门钥匙。

Front Desk Personnel: We'll settle the bill when you check-out. We'll refund you for any overpayment or supplemental payment from you for any deficiencies. Here is the key to your room.

Jié kè Zěn me zǒu
杰克：怎么走？

Jack: Which way should I go?

Lǚ guǎn fú wù yuán Cóng nàr shàng lóu zuǒ guǎi
旅馆服务员：从那儿上楼左拐。

Front Desk Personnel: Go up those stairs and turn left.

Jié kè Xiè xie
杰克：谢谢。

Jack: Thank you.

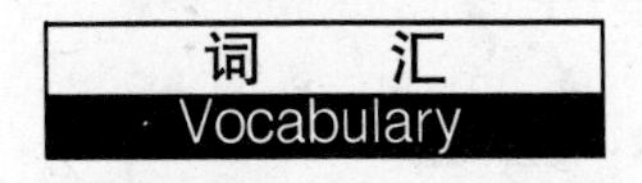

对话 1

请问 qǐng wèn / excuse me

附近 fùjìn / around, nearby

旅馆　lǚguǎn / hotel
不清楚　bù qīngchǔ / not clear
劳驾　láojià / excuse me
好像　hǎoxiàng / seem, as if
前面　qiánmiàn / ahead, in front
一家　yì jiā / one
远　yuǎn / far
过　guò / across
街　jiē / street
感谢　gǎnxiè / thanks, thank you
不用谢　bú yòng xiè / you're welcome, not at all

对话 2

终于　zhōngyú / finally, at last
到(达)　dào(dá)/ arrive, get to
一路　yí lù / all the way, a trip
辛苦　xīnkǔ / tiring, hardship
先　xiān / first
误机　wù jī / miss a plane
接着　jiēzhe / follow
最后　zuìhòu / finally, at last
真倒霉　zhēn dǎoméi /bad luck
没错　méicuò / that's right
够背的　gòu bèi de / unlucky enough
休息　xiūxi / rest, have a rest
找好　zhǎo hǎo / have found
知道　zhīdào / know

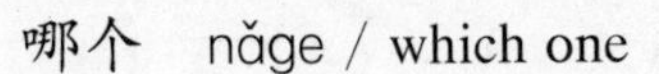

哪个　nǎge / which one

好　hǎo / good

当然　dāngrán / of course

地方　dìfang / place

倍儿熟　bèir shóu / very familiar

门儿清　ménrqīng / know sb./sth. completely

便宜　piányi / cheap

贵的　guìde / expensive

住不起　zhù bù qǐ / too expensive to live, can't afford to live

尽管　jǐnguǎn / although

放心　fàng xīn / set one's heart at rest

准没错　zhǔn méi cuò / be sure there is no problem or mistake

对话 3

住宿　zhùsù / stay; put up

空房　kòngfáng / empty room

开间房　kāi jiān fáng / rent a room in a hotel

单人房　dānrénfáng / single room

双人房　shuāngrénfáng / double room

住　zhù / stay

天　tiān / day

多少　duōshao / how many, how much

钱　qián / money

身份证　shēnfènzhèng / I.D. card

护照　hùzhào / passport

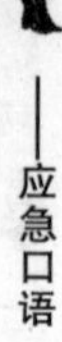

给……看 gěi... kàn / let sb. to have a look, show sb.

在这儿 zài zhèr / here

收好 shōu hǎo / put it in a proper place

麻烦 máfan / trouble

交押金 jiāo yājīn / pay sth. as a deposit

退房 tuìfáng / check out

再 zài / again

结账 jiézhàng / settle accounts, bring the check

多退少补 duō tuì shǎo bǔ / refund for any overpayment or supplementary payment for any deficiency (after a round sum is paid in advance for a batch of goods)

房门 fángmén / door

钥匙 yàoshi / key

上楼 shàng lóu / go upstairs

左拐 zuǒ guǎi / turn left

相关用语
Key Expressions

◉ 饭店 (fàn diàn)
hotel, restaurant

◉ 宾馆 (bīn guǎn)
hotel

◉ 商店 (shāngdiàn)

store

diànhuàtíng
◉ 电话亭
telephone booth

huò bì duìhuànchù
◉ 货币兑换处
money exchange counter

tí kuǎn jī
◉ 提款机
ATM machine

yín háng
◉ 银行
bank

cè suǒ
◉ 厕所
toilet

Néng gěi wǒ jiè shào gè lǚ guǎn ma
◉ 能给我介绍个旅馆吗?
Can you introduce me a hotel?

Yuǎn ma
◉ 远吗?
Is it far?

Zhè gè lǚ guǎn shì jǐ xīng jí de
◉ 这个旅馆是几星级的?
What grade is this hotel? / How many stars is this hotel?

Zhù jǐ gè wǎnshang
◉ 住几个晚上?

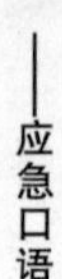

How many nights will you stay?

Zhù yì xiǔ
◉ 住一宿。

stay one night

Yā jīn shì duōshao
◉ 押金是多少？

How much is the deposit?

语言文化小贴士
Language Tips

在中文里，表示不走运的词和俗语有很多，如倒霉、背、走背字儿、点儿背、人要倒霉喝凉水都塞牙等。

例如：

1. 今天真倒霉，刚出门就摔了一跤。

2. 最近点儿背，干什么都不成。

3. 这两天我怎么这么背！玩儿牌一次都没赢过，真是邪门儿了。

In Chinese there are many words and popular sayings to express being unlucky, such as "dǎoméi" (bad luck), "bèi" (unlucky), "zǒu bèi zir"(being unlucky), "diǎnr bèi" (bad luck), "rén yào dǎoméi hē liángshuǐ dōu sāi yá" (if one has bad luck, even water may get stuck in his or her teeth when drinking it.) etc. For example:

1. Today is an unlucky day for me. I tripped and fell just when I was walking out of the door.

2. I'm feeling unlucky recently because nothing I did went well. .

3. I've been very unlucky these past two days. I've

yet won any game. How strange!

我今天简直是
太倒霉了，刚
下车就摔在了
水坑里...

练　　习
Exercises

1. 请说出5个在住宿有关词语。Please list five relevant words or phrases with regards to accommodation.

2. 词语练习。请用所给的词完成下列句子。Please complete the following sentences with the words given.

钥匙　哪个　开　休息　多少

快去旅馆________去吧。

你知道________旅馆好吗?

请给我________间房。

住一天要________钱?

这是您的房门________。

3. 根据所给的词，用"这附近有……吗?"或"哪儿有……?"提问。Using the words given below, please form questions with "这附近有……吗?"or"哪儿有……?".

1）饭店

2）厕所

3）电话亭

4）银行

5）商店

答案 Answers：

1.

旅馆（饭店、宾馆）

空房

开房间

退房

单人房

2.

休息

哪个

开

多少

钥匙

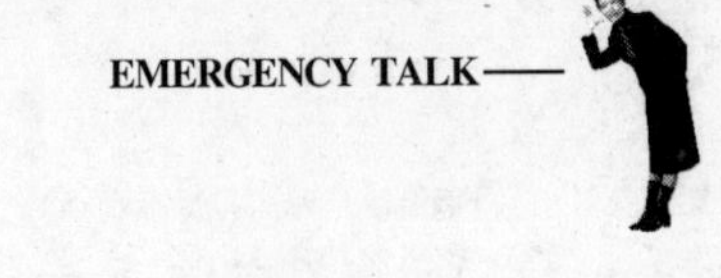

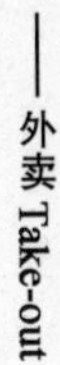

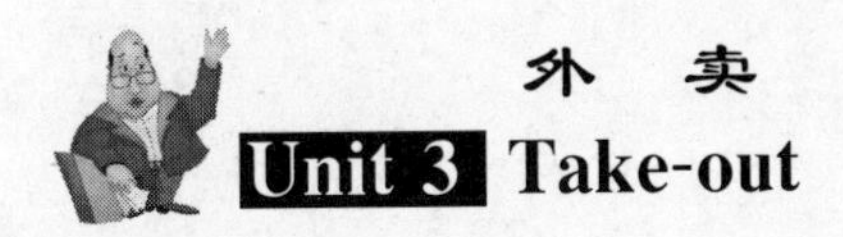

外　卖
Unit 3 Take-out

必备用语
Key Expressions

Wǒ xiǎng jiào cān
◉ 我想叫餐。
I'd like to order some delivery.

Nín yào diǎn shén me
◉ 您要点什么？
What would you like to order?

Wǒ yào
◉ 我要……
I would like …

dài zǒu
◉ 带走
to go

Nǐ men dōu yǒu shén me cài
◉ 你们都有什么菜？
What do you have?

Nǐ men gěi sòng cān ma
◉ 你们给送餐吗？
Do you deliver?

Néng gěi wǒ yí fèn cài dān ma

◉ 能给我一份菜单吗?

Could you give me a menu?

diǎn cài

◉ 点菜

order

Jiù zhè xiē

◉ 就这些。

That's it.

dǎ bāo

◉ 打包

take a doggy bag, wrap (pack) it up to go

Dìngcān diànhuà

◉ 订餐 电话

delivery number

情景对话
Situational Dialogues

1. 客房叫餐

Bǐ dé Zǒng jī qǐng bāng wǒ zhuǎn cāntīng xiè xie

彼得:总机,请 帮我 转 餐厅,谢谢。

Peter: Operator, could you please put me through to the restaurant? Thank you.

(transferring)

Bǐ dé Cāntīng ma Wǒ xiǎng jiào cān

彼得:餐厅 吗? 我 想 叫 餐。

Peter: Is this the restaurant? I'd like to order some room service please.

Cāntīng fú wù yuán Zǎo cān hái shì wǔ cān

餐厅服务员:早 餐 还是午餐?

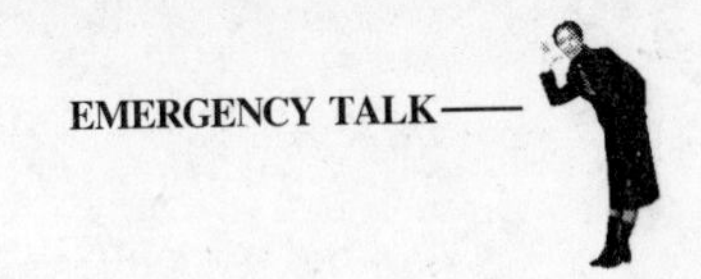

Waiter: Breakfast or lunch?

Bǐ dé Zǎo cān
彼得:早餐。

Peter: Breakfast.

Cāntīng fú wù yuán Nín yào chī zhōng cān hái shì xī cān
餐厅服务员:您要吃中餐还是西餐?

Waiter: Would you like Chinese or Western food?

Bǐ dé Xī cān
彼得:西餐。

Peter: Western food.

Cāntīng fú wù yuán Nín yào diǎn shén me
餐厅服务员:您要点什么?

Waiter: What would you like to order?

Bǐ dé Wǒ yào liǎng piàn kǎo miàn bāo yí fèn huáng yóu yí fèn chǎo jī dàn yí piàn huǒ tuǐ yí bēi kā fēi jiā táng hé niú nǎi
彼得:我要两片烤面包,一份黄油,一份炒鸡蛋,一片火腿,一杯咖啡加糖和牛奶。

Peter: I'd like to have two slices of toast, some butter, scrambled eggs, a slice of ham, a cup of coffee with sugar and milk.

Cāntīng fú wù yuán Jiù zhè xiē le ma
餐厅服务员:就这些了吗?

Waiter: Is that all?

Bǐ dé Shì de
彼得:是的。

Peter: Yes.

Cāntīng fú wù yuán Nín zhù jǐ hào fángjiān
餐厅服务员:您住几号房间?

Waiter: Which room are you in?

Bǐ dé Èrlíngsān fáng Shùnbiàn gěi wǒ dài yí fèn cài pǔ hǎo ma
彼得:230 房。顺便给我带一份菜谱好吗?

Peter: Room 203. By the way, could you please bring

me a menu?

Cāntīng fú wù yuán Méi wèn tí
餐厅服务员：没问题。
Waiter：No problem.

Bǐ dé Xiè xie
彼得：谢谢。
Peter：Thank you.

Cāntīng Fú wù yuán Bú kè qi
餐厅服务员：不客气。
Waiter：You're welcome.

2. 外卖 Take-out

Zài kuàicāndiàn
1）在 快餐店
At a fast-food restaurant

Cāntīng fú wù yuán Xiānsheng nín yào diǎnr shén me
餐厅服务员：先生，您要点儿什么？
Waitress：Sir, what would you like to order?

Bǐ dé Yí fèn jī tuǐ bǎo tào cān yí ge niú ròu hàn bǎo yí fèn zhá jī chì
彼得：一份鸡腿堡套餐、一个牛肉汉堡、一份炸鸡翅。
Peter：A set of chicken drumstick burger meal, a beef burger, an order of fried chicken wings.

Cāntīng fú wù yuán Zhá jī chì yào shén me zuó liào fān qié jiàng hái shi là wèi jiàng
餐厅服务员：炸鸡翅要什么作料，番茄酱还是辣味酱？
Waitress：What sauce would you like for the fried chicken wings, tomato sauce or spicy sauce?

Bǐ dé Fān qié jiàng
彼得：番茄酱。

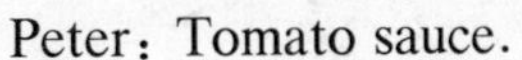

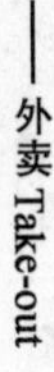

Peter：Tomato sauce.

Cāntīng fú wù yuán Nín yào shén me yǐn liào
餐厅服务员：您要什么饮料？
Waitress：What drinks would you like?

Bǐ dé Yì bēi chéng zhī
彼得：一杯橙汁。
Peter：An orange juice，please.

Cāntīng fú wù yuán Hái yào bié de ma
餐厅服务员：还要别的吗？
Waitress：Anything else?

Bǐ dé Bù le jiù zhè yàng
彼得：不了，就这样。
Peter：No，that will be all.

Cāntīng fú wù yuán Zài zhèr chī hái shì dài zǒu
餐厅服务员：在这儿吃还是带走？
Waitress：Are you having it here or to go?

Bǐ dé Dài zǒu
彼得：带走。
Peter：To go.

Cāntīng fú wù yuán Yí gòng shì wǔshíliù yuán
餐厅服务员：一共是 56 元。
Waitress：That's 56 yuan all together.

Bǐ dé Gěi nǐ
彼得：给你。
Peter：Here you are.

Cāntīng fú wù yuán Zhǎo nín sì yuán ná hǎo Xiè xie guāng lín
餐厅服务员：找您4元，拿好。谢谢光临。
Waitress：Here is your change，4 yuan. Thank you for coming.

Zài zhōngcāndiàn
2）在中餐店
At a Chinese restaurant

Bǐ dé　Fú wù yuán　nǐ menzhèr　dōu yǒu　shén me cài

彼得：服务员，你们这儿都有 什么菜？

Peter: Waiter, what do you have here?

Cāntīng fú wù yuán　Gěi nín cài pǔ　zhè shàngmian dōu yǒu

餐厅服务员：给您菜谱，这 上 面都有。

Waiter: Here is the menu. Everything is listed on it.

Bǐ dé　Nǐ men gěi sòng cān ma

彼得：你们给 送 餐吗？

Peter: Do you do delivery?

Cāntīng fú wù yuán　Gěi　rú guǒ nín zhù zài zhè fù jìn

餐厅服务员：给，如果您住在这附近。

Waiter: Yes, if you live nearby.

Bǐ dé　Tài hǎo le　Wǒ zhù de bù yuǎn　yě jiù yí zhàn dì de jù lí

彼得：太好了。我住的不远，也就一站地的距离。

Peter: Terrific. I live not far from here, about one bus stop away.

Cāntīng fú wù yuán　Nà méi wèn tí　Gěi nín zhè ge　shàngmiàn yǒu wǒ men de dìngcān diànhuà

餐厅服务员：那没问题。给您这个，上 面 有我们的订餐 电话。

Waiter: That's no problem. Please take this. It has our delivery order number.

Bǐ dé　Néng gěi wǒ yí fèn cài dān ma

彼得：能给我一份菜单吗？

Peter: Could you give me a menu too?

Cāntīng fú wù yuán　Xíng　Zhè shàngmiàn yǒu měi dào cài de jià gé

餐厅服务员：行。这 上 面 有 每 道 菜的价格。

Waiter: OK. It has the price of every dish on it.

Bǐ dé　Qián zěn me fù

彼得：钱 怎么付？

Peter: How about payment?

Cāntīng fú wù yuán　Shàngmén sòng cān shí jié zhàng

餐厅服务员：上 门 送 餐时结 账 。

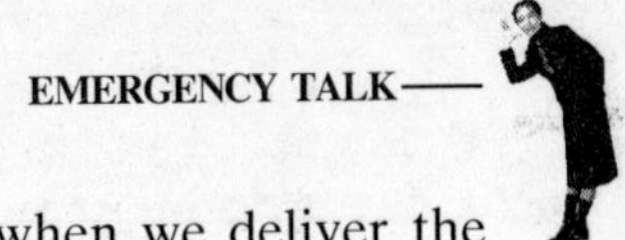

Waiter: We'll bring you the bill when we deliver the meal, and you can pay then.

Bǐ dé Méi wèn tí le
彼得:没问题了。

Peter: No problem.

Cāntīng fú wù yuán Xiàn zài nín diǎn cài ma
餐厅服务员:现在您点菜吗?

Waiter: Would you like to order now?

Bǐ dé Hǎo wǒ diǎn liǎng ge cài yí ge zhè ge yí ge nà ge
彼得:好,我点两个菜,一个这个,一个那个。

Peter: All right. I'd like to order two dishes, this one and that one.

Cāntīng fú wù yuán Yào zhǔ shí ma
餐厅服务员:要主食吗?

Waiter: Would you like staple food?

Bǐ dé Yì wǎn mǐ fàn Jiù zhè xiē
彼得:一碗米饭。就这些。

Peter: One bowl of rice. That's all.

Cāntīng fú wù yuán Zài zhèr chī ma
餐厅服务员:在这儿吃吗?

Waiter: Are you having it here?

Bǐ dé Bù dǎ bāo dài zǒu
彼得:不,打包带走。

Peter: No, please wrap it up to take away.

Cāntīng fú wù yuán Hǎo nín xiān zuò zhè biān děnghuìr Hěnkuài jiù dé nín na
餐厅服务员:好,您先坐这边等会儿。很快就得,您哪。

Waiter: All right. Please sit over here for a while. It will soon be ready.

词　汇
Vocabulary

对话 1

总机　zǒngjī/ operator
餐厅　cāntīng/ restaurant
叫餐　jiàocān/order room service
早餐　zǎocān/breakfast
午餐　wǔcān/lunch
中餐　zhōngcān/ Chinese food
西餐　xīcān/Western food
点　diǎn/order
片　piàn/piece, slice
烤面包　kǎomiànbāo / toast
黄油　huángyóu / butter
炒鸡蛋　chǎojīdàn/ scrambled eggs
火腿　huǒtuǐ / ham
杯 bēi / cup, glass
咖啡　kāfēi / coffee
糖　táng / sugar
牛奶　niúnǎi / milk
顺便　shùnbiàn/ by the way
带　dài / bring
菜谱　càipǔ/ menu
没问题　méiwèntí / no problem
不客气　búkèqi / not at all, you're welcome

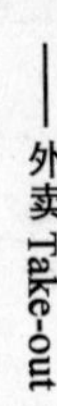

对话 2

1)

鸡腿堡 jītuǐbǎo /drumstick burger

套餐 tàocān/ set meal

牛肉汉堡 niúròuhànbǎo/ beef burger

炸鸡翅 zhájīchì/ fried chicken wing

作料 zuòliào/ flavor, seasoning

番茄酱 fānqiéjiàng/ tomato sauce, ketchup

辣味酱 làwèijiàng / spicy (hot) sauce

饮料 yǐnliào / drinks

橙汁 chéngzhī / orange juice

别的 bié de / other

吃 chī / eat

带走 dàizǒu/ take away

一共 yígòng/ all together

光临 guānglín / come, presence, patronizing

2)

服务员 fúwùyuán / waiter, waitress

菜 cài / dish, meal

菜谱 càipǔ/ menu

送餐 sòngcān/ delivery

如果 rúguǒ / if

一站地 yí zhàn dì / one bus stop

距离 jùlí / distance

订餐 dìngcān/ order a meal

电话 diànhuà/ telephone

菜单 càidān / menu

价格　jiàgé / price

付钱　fùqián / pay money

结账　jiézhàng/ bring the check (bill), settle accounts

点菜　diǎncài / order

这个　zhège / this

那个　nàge / that

主食　zhǔshí/staple food

碗　wǎn / bowl

米饭　mǐfàn/ rice

打包　dǎbāo/ take a bag, pack

坐　zuò/sit

等会儿　děnghuìr / wait for a while

很快　hěnkuài/soon

得　dé/ready

相关用语 Relevant Expressions

◉ zǎo cān
早餐
breakfast

◉ wǔ cān
午餐
lunch

◉ wǎncān
晚餐
dinner

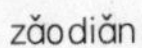
zǎodiǎn
◉ 早点
breakfast

Nǐ zhè li yǒu wài mài ma
◉ 你这里有 外 卖吗?
Do you have take-out?

Nín yào hē diǎnr shén me
◉ 您要喝点儿什么?
What would you like to drink?

huò dào fù kuǎn
◉ 货 到付款
pay when goods arrive

mǎ shàng jiù hǎo
◉ 马 上 就好
be ready soon

sòng huò shàng mén
◉ 送 货 上 门
deliver to door

mái dān
◉ 埋单
bring the check (bill)

语言文化小贴士
Language Tips

打包与吃不了兜着走

如今的中国人都很实际,在饭馆吃饭,吃剩下的东西一般都让服务员打包带回家。以前人们好面子,不敢把吃剩下的东西带走,怕人笑话自己穷酸。如今的人们在

外吃饭，时兴吃不了兜着走，提倡节约，避免铺张浪费。这里的“兜”字就是打包的意思。

Take a (doggy) bag and take the leftovers away

Nowadays, Chinese people are very practical. After eating in a restaurant, they will usually ask the waiter or waitress to put their leftovers in a bag to take home. In the past, people were more conscious of how others regard them, and would not take the leftovers away for fear of being laughed at by others for being poor. Today when people dine out, it is a trend to take the leftovers away, in order to promote saving, and to prevent extravagance and waste. The word “兜”(dōu) here means pack or put in a container.

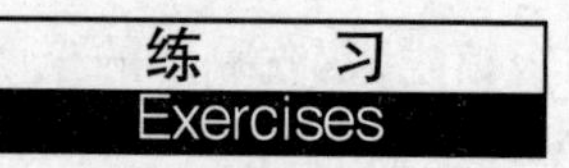

1. 选择正确的句子完成对话。Chooses the right sen-

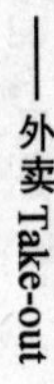

tence to complete the dialogue.

1) A：您要点什么？

B：__________。

A. 一杯咖啡 B. 我要菜谱 C. 我要总机

2) A：__________？

B：给。

A. 还有别的吗 B. 你们给送餐吗 C. 多少钱

3) A：__________？

B：上门送餐时结账。

A. 你们都有什么菜 B. 钱怎么付

C. 你们送餐吗

2. 根据英文，选择正确的中文意思。Choose the right meanings in Chinese to match the English words or phrases.

1) breakfast

A. 午餐 B. 晚餐 C. 早餐

2) bill

A. 结账 B. 现金 C. 点菜

3) to go

A. 出发 B. 带走 C. 去

4) menu

A. 点餐 B. 西餐 C. 菜单

5) doggy bag

A. 打包 B. 手袋 C. 餐包

3. 选择正确的解释。Choose the right explanations.

1) 点餐

A. 选择饭菜 B. 不多的食品 C. 几点吃饭

2) 订餐

A. 预先选择饭菜 B. 确定餐厅 C. 打包

3)中餐

A. 中午饭　　　B. 中等餐厅　　C. 中国式饭菜

答案 Answers：

1.

1) A　　2) B　　3) B

2.

1) C　　2) A　　3) B　　4) C　　5) A

3.

1) A　　2) A　　3) C

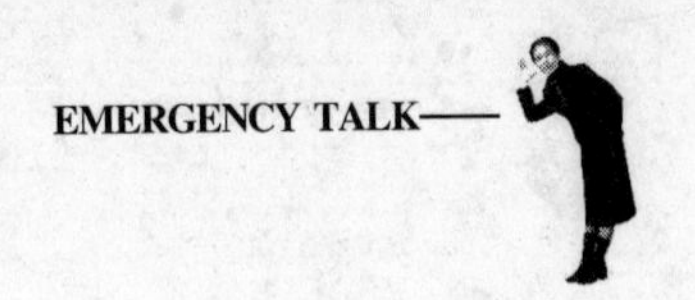

迷　路
Unit 4 Losing the Way

必备用语
Key Expressions

Duì bu qǐ　wǒ mí lù le
◉ 对不起，我迷路了。
Excuse me, I'm lost.

Qǐng wèn　zhè shì shén me dì fang
◉ 请 问，这是什么地方？
Would you please tell me where this place is?

Wǒ yào qù
◉ 我要去……
I'm going to …

Wǒ yīng gāi zěn me zǒu
◉ 我应该怎么走？
Which way should I go?

xiàng zuǒ zǒu
◉ 向 左 走
go left

xiàng yòu zǒu
◉ 向 右 走
go right

zhí zhe zǒu

◉ 直着走

go straight ahead

guǎiwān

◉ 拐弯

turn

Hái yǒu duō yuǎn

◉ 还 有 多 远？

How far is it?

Hái yǒu jǐ bǎi mǐ

◉ 还有几百米。

There are several hundred meters more.

Yào zǒu duō cháng shí jiān

◉ 要走多 长 时间？

How long will it take to get there?

Zǒu jǐ fēn zhōng jiù dào le

◉ 走几分 钟 就到了。

It takes a couple of minutes to get there.

Nín néng bāng wǒ huà ge shì yì tú ma

◉ 您 能 帮 我画个示意图吗？

Could you draw a sketch map for me?

Wǒ xiàn zài shì zài nǎr

◉ 我现在是在哪儿？

Where am I now?

Zhè shì nǎ li

◉ 这是哪里？

Where is this?

情景对话 Situational Dialogues

1. 问路人 Asking a passerby

Bǐ dé Duì bu qǐ wǒ mí lù le
彼得：对不起，我迷路了。

Peter: Excuse me, I'm lost.

Lù rén Wǒ néng bāng nǐ shén me máng
路人：我能帮你什么忙？

Passerby: What can I do for you?

Bǐ dé Qǐngwèn zhè shì shén me dì fang
彼得：请问，这是什么地方？

Peter: Would you please tell me where this place is?

Lù rén Zhè shì hé píng lǐ nán dà jiē Nín yào qù nǎr
路人：这是和平里南大街。您要去哪儿？

Passerby: This is South Hepingli Street. Where are you going?

Bǐ dé Wǒ yào qù Guó jì Zhǎn lǎn Zhōng xīn
彼得：我要去国际展览中心。

Peter: I'm going to the International Exhibition Center.

Lù rén Ó nín zǒu cuò le
路人：哦，您走错了。

Passerby: Oh, you're going the wrong way.

Bǐ dé Wǒ yīng gāi zěn me zǒu
彼得：我应该怎么走？

Peter: Which way should I go?

Lù rén Nín xiān xiàng yòu zǒu dào qián miàn lù kǒu zuǒ guǎi zhí zhe zǒu jiù dào le
路人：您先向右走，到前面路口左拐，直着走就到了。

Passerby: You should go right first, turn left at the in-

tersection ahead, go straight down that road and you'll see it.

Bǐ dé Hái yǒu duō yuǎn

彼得：还有多远？

Peter: How far is it?

Lù rén Bú suàn tài yuǎn yǒu jǐ bǎi mǐ ba

路人：不算太远，有几百米吧。

Passerby: Not very far, about several hundred meters.

Bǐ dé Yào zǒu duō cháng shí jiān

彼得：要走多长时间？

Peter: How long will it take to walk (on foot)?

Lù rén Shí lái fēn zhōng ba

路人：10来分钟吧。

Passerby: About 10 minutes.

Bǐ dé Hǎo zhēn shì tài gǎn xiè nǐ le

彼得：好，真是太感谢你了。

Peter: Good. Thank you very much .

Lù rén Méi shén me yīng gāi zuò de

路人：没什么，应该做的。

Passerby: You're welcome. It's my pleasure.

2. 打电话求助 Calling for help

Bǐ dé Zāo le wǒ xiàn zài shì zài nǎr

彼得：糟了，我现在是在哪儿？

Peter: Oops! Where am I now?

Wèn páng biān yí gè lù rén

（问旁边一个路人。）

(Asking a passerby beside him.)

Bǐ dé Láo jià zhè shì nǎ li

彼得：劳驾，这是哪里？

Peter: Excuse me, where is this place?

Lù rén Zhè shì hé píng lǐ běi jiē

路人：这是和平里北街。

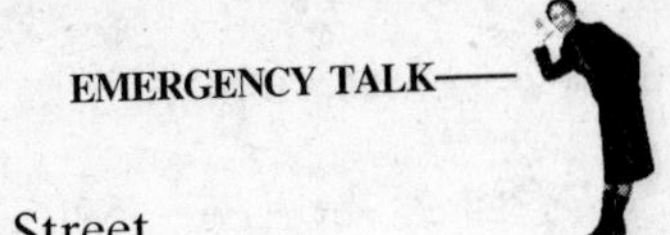

Passerby: This is North Hepingli Street.

bǐ dé Āi yo wǒ mí lù le
彼得:哎哟,我迷路了。
Peter: Well, I'm lost.

Ná chū shǒu jī bō dǎ diànhuà
(拿出手机,拨打电话。)
(Taking out his cell phone and call.)

Bǐ dé Wèi xiǎoguāng wǒ shì Bǐ dé Wǒ mí lù le
彼得:喂,小光,我是彼得。我迷路了。
Peter: Hello, xiaoguang. This is Peter. I'm lost.

Xiǎoguāng Nǐ xiàn zài zài nǎ li
小光:你现在在哪里?
xiaoguang: Where are you now?

Bǐ dé Wǒ yě bù zhī dào Hǎoxiàng shì zài hé píng lǐ
彼得:我也不知道。好像是在和平里。
Peter: I don't know either. It seems I'm at Hepingli.

Xiǎoguāng Zhèyàng ba nǐ dǎ chē guò lái ba
小光:这样吧,你打车过来吧。
xiaoguang: All right, why don't you hail a taxi over here?

Bǐ dé Qù nǎr
彼得:去哪儿?
Peter: To where?

Xiǎoguāng Guó jì Zhǎn lǎn Zhōng xīn Jì zhù le ma
小光:国际展览中心。记住了吗?
xiaoguang: The International Exhibition Center. Got it?

Bǐ dé Guó jì Zhǎn lǎn Zhōng xīn
彼得:国……际……展……览……中心。
Peter: The … International … Exhibition …Center.

Xiǎoguāng Duì Wǒ zài dà mén kǒu děng nǐ
小光:对。我在大门口等你。
xiaoguang: Right. I'll wait for you at the gate.

Bǐ dé Zhī dào le Dāi huìr jiàn

彼得：知道了。待会儿见。

Peter：Got it. See you later.

词 汇
Vocabulary

对话 1

迷路 mílù/ get lost

帮忙 bāngmáng/ help

地方 dìfang / place

大街 dàjiē / street

国际展览中心 Guójì Zhǎnlǎn Zhōngxīn / International Exhibition Center

走错了 zǒucuò le / go the wrong way

应该 yīnggāi/ should

向右走 xiàng yòu zǒu / go right

前面 qiánmiàn/ in front

路口 lùkǒu / crossing, intersection

左拐 zuǒguǎi / turn left

直着走 zhízhe zǒu / go straight

多远 duōyuǎn / how far

米 mǐ/ meter

走(路) zǒu(lù) / walk, on foot

多长 duōcháng/ how long

时间 shíjiān/ time

分钟 fēnzhōng/ minute

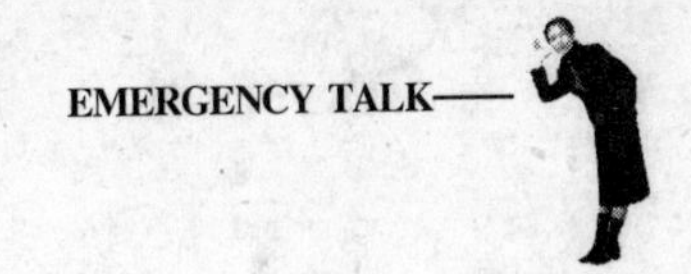

对话 2

糟了　zāo le / oops；bad

现在　xiànzài / now

不知道　bù zhīdào / don't know

打车　dǎchē / take a taxi，hail a taxi（cab）

过来　guòlái / come over

记住　jìzhù / remember

大门口　dàménkǒu / gate

等你　děngnǐ / wait for you

知道了　zhīdào le / know，get it

待会儿　dāihuìr / a moment，for a moment

见　jiàn / see

相关用语 Key Expressions

◉ 附近（fù jìn）

around，nearby

◉ 转向了（zhuànxiàng le）

get lost

◉ 晕了（yūn le）

lose one's way，get lost

◉ 走过了（zǒuguò le）

go pass

wǎng huí zǒu
◉ 往回走
turn back, go back

diào tóu
◉ 掉头
turn around

zhǎo bù zháo běi
◉ 找不着北
unable to find where north is

Zǒu lù yào duō jiǔ
◉ 走路要多久?
How long will it take to walk (on foot)?

Nǐ zuì hǎo jiào liàng chū zū chē
◉ 你最好 叫 辆 出租车。
You'd better hail a taxi.

chéng chū zū chē
◉ 乘 出租车
take a taxi, by taxi

Wǒ jiù lái
◉ 我就来。
I'll be right there.

Bié dòng wǒ lái jiē nǐ
◉ 别 动,我来接你。
Don't move. I'll pick you up.

1. 迷路时你该怎么办？

1）问路人；

2）拨打求助电话，可以给朋友打手机，或者拨打110。

What to do when you're lost?

1) Ask passersbys around you;

2) Make phone calls for help. You can call your friend's cell phone or dial 110.

2. 防止迷路小巧门

1）出门时记住旅馆的名称和电话；

2）买张市区地图，出门时找准要去地方的位置。

Tips to avoid getting lost

1) Remember the address and phone number of the hotel you're staying in before going out.

2) Buy an urban map and find your destination on the map before you go out.

3."10来分钟"里的"来"可不是我们常用的那个动词。当它用在"十、百、千"等数词或数量词后面时表示概数,意思是"大概,大约"。

In the phrase "shí lái fēnzhōng" (about ten minutes), the word "lái" (come) is not the verb "come" that we normally use. When it is used after number words like "shi" (ten), "bǎi" (hundred), "qiān" (thousand), it denotes approximate number, meaning "about".

练　习
Exercises

1. 根据提示,口语完成对话。Complete the dialogues according to the given sentences.

1) A: ____________?
   B: 这是和平里南大街。

2) A: 您要去哪儿?
   B: ____________。

3) A: ____________?
   B: 直着走,然后右转。

2. 词语练习。请用下列词语完成句子。Complete the following sentences with the words given below.

走错了　迷路　怎么　地方　多远

1) 我该______走?

2)这是什么______?

3) 还有______?

4) 我______了。

5)我______。

3. 请根据箭头所指的方向,说出与"走"相关的词语。

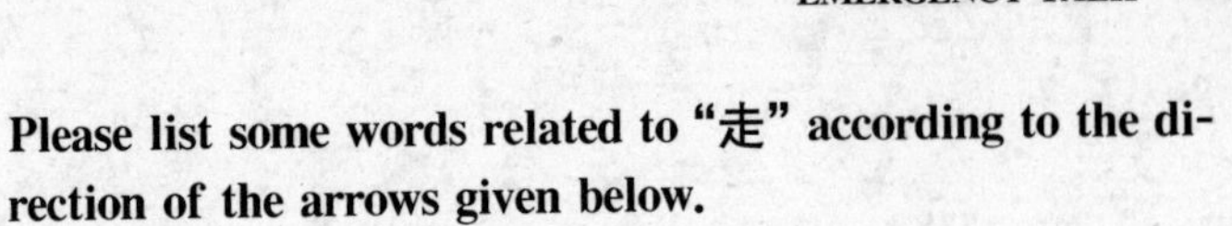

Please list some words related to "走" according to the direction of the arrows given below.

1) ←

2) ↑

3) →

答案 Answers:

1.

1) 请问,这是什么地方

2) 我要去国际展览中心

3) 我应该怎么走

2.

1) 怎么

2) 地方

3) 多远

4) 迷路

5) 走错了

3.

1) 向左走;走到前面左拐/左转

2) 直着走;向前走

3) 向右走;走到前面右拐/右转

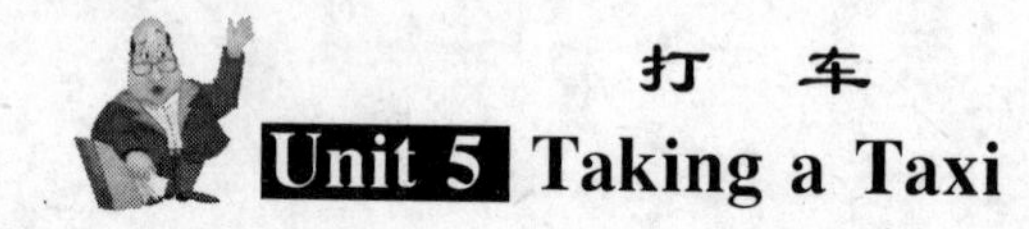

打　车
Unit 5 Taking a Taxi

必备用语 Key Expressions

◉ 去哪儿？（Qù nǎr）
Where to?

◉ 去……（qù）
To …

◉ 到……（dào）
To …

◉ 到了。（Dào le）
Here we are.

◉ 多少钱？（Duōshaoqián）
How much is it?

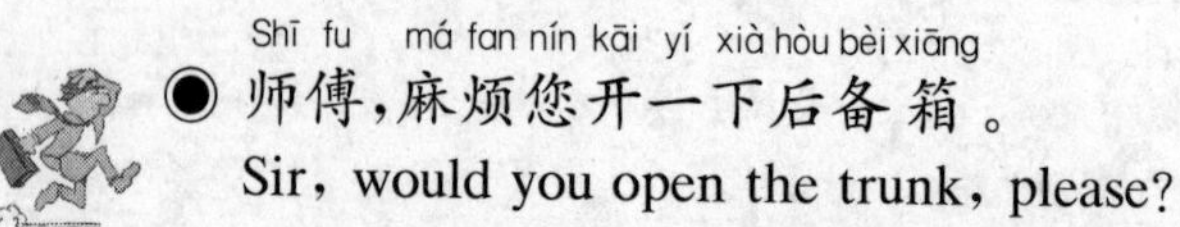

◉ 师傅，麻烦您开一下后备箱。（Shī fu má fan nín kāi yí xià hòu bèi xiāng）
Sir, would you open the trunk, please?

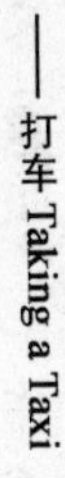

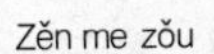

Zěn me zǒu
◉ 怎么走？
Which way should I go?

Tīng nín de
◉ 听您的。
Listen to you; Follow you.

Bié rào yuǎn
◉ 别绕远。
Don't go the long way round.

Nín kàn zhe bàn
◉ 您看着办。
Do as you like.

Dànyuàn bié dǔ chē
◉ 但愿 别堵车。
Hope there is no traffic jam.

Qǐng gěi wǒ fā piào
◉ 请给我发票。
Please give me the invoice (receipt).

Wǒ de dōng xi
◉ 我的东西。
My stuff.

情景对话 Situational Dialogues

1. 去奥运村 To the Olympic Game Village

Chū zū chē sī jī Nín qù nǎr
出租车司机：您去哪儿？
Taxi driver: Where to?

Bǐ dé Wǒ qù Ào yùn cūn
彼得:我去奥运村。
Peter: I'm going to the Olympic Game Village.

Shí jǐ fēn zhōng hòu
(十几分钟后)
(About ten minutes later.)

Bǐ dé Dào le ma
彼得:到了吗?
Peter: Are we there?

Chū zū chē sī jī Dào le
出租车司机:到了。
Taxi driver: Yes. Here we are.

Bǐ dé Zhè me kuài
彼得:这么快。
Peter: That's fast.

Chū zū chē sī jī Shì a zhè diǎnr bù dǔ chē
出租车司机:是啊,这点儿不堵车。
Taxi driver: Yap. There is no traffic jam at this time.

Bǐ dé Zhēn shùn ya Duōshao qián
彼得:真顺呀!多少钱?
Peter: What good luck. How much is it?

Chū zū chē sī jī Zhǐ zhe jì jià qì kàn zhèr
出租车司机:(指着计价器)看这儿。
Taxi driver: (pointing at the price counter) Look here.

Bǐ dé Ó hǎo de Gěi nǐ
彼得:哦,好的。给你。
Peter: Oh, good. Here you are.

Chū zū chē sī jī Ná hǎo fā piào
出租车司机:拿好发票。
Taxi driver: Please take your invoice.

Bǐ dé Xiè xie
彼得:谢谢。
Peter: Thank you.

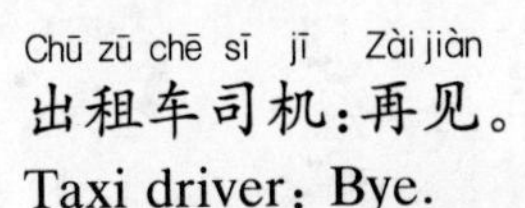

Chū zū chē sī jī Zài jiàn

出租车司机:再见。

Taxi driver: Bye.

2. 去饭店 To the hotel

Bǐ dé Shī fu má fan nín kāi yí xià hòu bèi xiāng

彼得:师傅,麻烦您开一下后备箱。

Peter: Sir, would you open the trunk, please?

Chū zū chē sī jī Hǎo de

出租车司机:好的。

Taxi driver: OK.

Bǐ dé Xiè xie

彼得:谢谢。

Peter: Thank you.

Chū zū chē sī jī Nín qù nǎr

出租车司机:您去哪儿?

Taxi driver: Where are you going?

Bǐ dé Wǒ dào Chángchéng Fàndiàn

彼得:我到长城饭店。

Peter: I'm going to the Great Wall Hotel.

Chū zū chē sī jī Zěn me zǒu

出租车司机:怎么走?

Taxi driver: Which way would you prefer?

Bǐ dé Tīng nín de Zhèr wǒ bù shú Fǎn zhèng bié rào yuǎn jiù xíng

彼得:听您的。这儿我不熟。反正别绕远就行。

Peter: It's up to you, since I'm not familiar here. Just don't go the long way round.

Chū zū chē sī jī Dànyuàn bié dǔ chē fǒu zé zhǐ néng rào zhe zǒu

出租车司机:但愿别堵车,否则只能绕着走。

Taxi driver: I hope there is no traffic jam, or else we'

ll have to go around.

Bǐ dé Nín kàn zhe bàn ba
彼得：您看着办吧。
Peter：Do as you like.（Whichever way you think is faster）

Chū zū chē sī jī Chéng
出租车司机：成。
Taxi driver：All right.

Shí jǐ fēn zhōng hòu
（十几分钟后）
（About ten minutes later.）

Chū zū chē sī jī Dào le
出租车司机：到了。
Taxi driver：Here we are.

Bǐ dé Gěi nín qián Qǐng gěi wǒ fā piào Xiè xie Dǎ kāi chē mén xià chē jiù zǒu
彼得：给您钱。请给我发票。谢谢。（打开车门，下车就走。）
Peter：Here's the taxi fare. Please give me an invoice. Thank you.（open the door and get off.）

Chū zū chē sī jī Xiānsheng nín de dōng xi
出租车司机：先生，您的东西。
Taxi driver：Sir，your stuff.

Bǐ dé Ò wǒ wàng le
彼得：哦，我忘了。
Peter：Oh，I forgot.

Chū zū chē sī jī Gěi nín
出租车司机：给您。
Taxi driver：Here you are.

Bǐ dé Tài gǎn xiè le
彼得：太感谢了。
Peter：Thanks a lot.

Chū zū chē sī jī Bú kè qi Zài jiàn
出租车司机：不客气。再见。

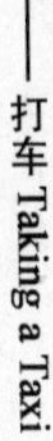

Taxi driver：You're welcome. Bye.

Bǐ dé Zài jiàn
彼得：再见。
Peter：Bye.

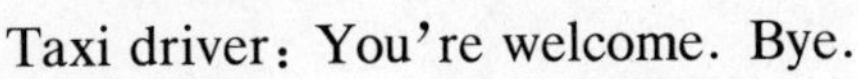

词　汇 Vocabulary

对话 1

奥运村　Àoyùncūn / Olympic Game Village
这么　zhème / such，so
快　kuài / fast，quick
点儿　diǎnr / time
堵车　dǔchē / traffic jam
顺　shùn / in good luck，successfully
看　kàn / look
拿　ná / take，get
发票　fāpiào / invoice

对话 2

师傅　shīfu / master，sir
麻烦　máfan / trouble
开　kāi / open
后备箱　hòubèixiāng / trunk
长城饭店　Chángchéng Fàndiàn / the Great Wall Hotel
听　tīng/ listen
不熟　bù shú/ unfamiliar
反正　fǎnzhèng / anyway

别　bié/ not

绕远　ràoyuǎn / go the long way round

但愿　dànyuàn / wish, hope

否则　fǒuzé/ otherwise

只能　zhǐ néng / have to, can only

绕着走　ràozhe zǒu / go around

看着办　kànzhe bàn/ do as you like

成　chéng / OK

东西　dōngxi/ thing, stuff

忘　wàng / forget

相关用语 Relevant Expressions

dí gē
◉ 的哥
male taxi driver

dí jiě
◉ 的姐
female taxi driver

shàng nǎr qù
◉ 上哪儿去？
Where to?

dōuquān zi
◉ 兜圈子
go around in circus; take the long way round; beat around the bush

dí piào
◉ 的票

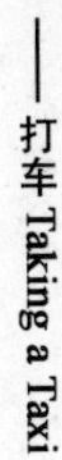

taxi invoice (receipt)

Qǐng tíng chē
◉ 请 停 车。
Please halt. / Stop.

Zài zhèr tíng
◉ 在这儿停。
Stop here.

Zhè lǐ bù néng tíng chē
◉ 这里不能 停 车。
No parking here. /Parking is not allowed here.

语言文化小贴士
Language Tips

打车可不是用手去打汽车，而是乘出租车。"打"在这里是"乘"的意思，是非常口语的词，另外，人们也常用"打的"，它与"打车"的意思相同。

In Chinese "Dǎchē" doesn't mean to beat a car with

hands, but to take a taxi. "Dɑ" here means "take" or "by". It is a very colloquial phrase. "Dǎdī", which is also said commonly, has the same meaning as "dǎ chē".

练　习
Exercises

1. 根据提示，口语完成下列对话。Complete the dialogues using the hints given.

1）A：__________？

B：我__________。（机场）

2）A：__________？

B：我__________。（长城饭店）

3）A：__________？

B：我__________。（奥运村）

2. 词语练习。请用下列词语完成句子。Complete the following sentences with the words given.

快　发票　顺

1）这么________就到了。

2）真________呀！

3）请给我________。

3. 请用连线标出下列词语的相关解释。Match the following Chinese phrases with the English meanings.

A1　反正	B1 anyway
A2　绕远	B2 time
A3　点儿	B3 wish
A4　后备箱	B4 go the long way round
A5　但愿	B5 back trunk

答案 Answers：

1.

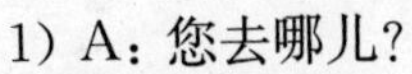

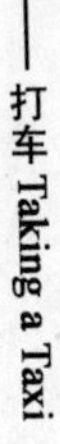

1）A：您去哪儿？
   B：我去机场。
2）A：您去哪儿？
   B：我去长城饭店。
3）A：您去哪儿？
   B：我去奥运村。

2.

1）快
2）顺
3）发票

3.

1）A1-B1
2）A2-B4
3）A3-B2
4）A4-B5
5）A5-B3

购　物
Unit 6 Go Shopping

必备用语
Key Expressions

Nín xū yào diǎnr shén me
◉ 您需要点儿什么？
What can I do for you?

Nín xiǎng mǎi shén me
◉ 您想买什么？
May I help you? Anything you like? What would you like to buy?

Bù mǎi suí biàn kàn kan
◉ 不买，随便看看。
No thanks, I'm just looking around.

Láo jià ná zhè ge kàn kan
◉ 劳驾，拿这个看看。
Excuse me, can I have a look at this?

Kě yǐ shì yí xià ma
◉ 可以试一下吗？
Can I try it on?

tǐng hé shì
◉ 挺合适
It fits well.

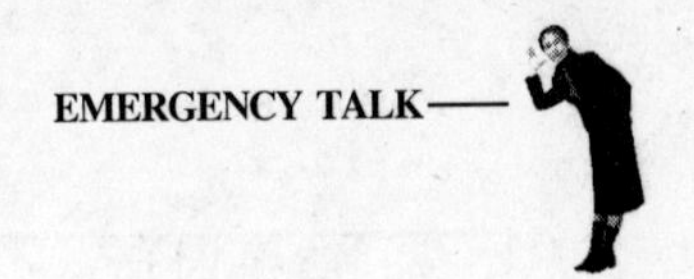

Yào ma
◉ 要吗?
Do you want it?

Bú yào
◉ 不要。
No.

Suàn le
◉ 算了。
Forget it.

Zài kàn kan
◉ 再看看。
I'll look around more.

Zhè ge duōshao qián
◉ 这个多少 钱?
How much is this?

Tài guì le
◉ 太贵了。
Too expensive.

Pián yi diǎnr
◉ 便宜点儿 。
Can you lower the price?

Wǒ yào le
◉ 我要了。
I'll take it.

Wǒ mǎi le
◉ 我买了。
I'll buy it.

情景对话
Situational Dialogues

1. 逛商场 Shopping

Shòuhuòyuán Nín xū yào diǎnr shén me
售货员：您需要点儿什么？
Shop assistant: What can I do for you?

Bǐ dé Bù xū yào wǒ suí biàn kàn kan
彼得：不需要，我随便看看。
Peter: No, I'm just looking around.

Shòuhuòyuán Rú guǒ xǐ huan nín kě yǐ shì yí xià
售货员：如果喜欢，您可以试一下。
Shop assistant: You can try them if you like.

Bǐ dé Bú yòng le
彼得：不用了。
Peter: No, no.

2. 试穿试戴 Try on

Bǐ dé Láo jià ná zhè ge kàn kan
彼得：劳驾，拿这个看看。
Peter: Excuse me, can I have a look at this?

Shòuhuòyuán Zhè ge
售货员：这个？
Shop assistant: This one?

Bǐ dé Bú shì nà ge Duì Kě yǐ dài yí xià ma
彼得：不是，那个。对。可以戴一下吗？
Peter: No, that one. Right. Can I try it on?

Shòuhuòyuán Kě yǐ
售货员：可以。
Shop assistant: Sure.

Bǐ dé Bù hǎo suàn le Xiè xie
彼得：不好，算了。谢谢。

Peter: Not good. Forget it. Thank you.

Jì xù zài kàn
(继续在看)
(Go on looking.)

Bǐ dé ò zhè gè bú cuò Kě yǐ shì yí xià ma
彼得:哦,这个不错。可以试一下吗?
Peter: Oh, this is not bad. Can I try it on?

Shòuhuòyuán Dāngrán nà lǐ yǒu shì yī jiān
售货员:当然,那里有试衣间。
Shop assistant: Of course. The fitting room is over there.

Bǐ dé Zěn me yàng
彼得:怎么样?
Peter: How is it?

Shòuhuòyuán Tǐng hé shì
售货员:挺合适。
Shop assistant: It fits you perfectly.

3. 讨价还价 Bargaining

Bǐ dé Duōshǎo qián
彼得:多少 钱?
Peter: How much is it?

Shòuhuòyuán Yìbǎi yīshí
售货员:110。
Shop assistant: 110 yuan.

Bǐ dé Tài guì le
彼得:太贵了。
Peter: Too dear (expensive).

Shòuhuòyuán Zhè gè zhì liàng hǎo
售货员:这个质量 好。
Shop assistant: It's good quality.

Bǐ dé Néng bù néng pián yi diǎnr
彼得:能不能 便宜点儿?

Peter：Can't it be cheaper?

shòuhuòyuán Ní shuō duōshao qián
售货员：您说多少钱？

Shop assistant：How much would you offer?

Bǐ dé Wǔshí
彼得：50。

Peter：50 yuan

Shòuhuòyuán Bù xíng Zài tiāndiǎnr
售货员：不行。再添点儿。

Shop assistant：No. Slightly higher?.

Bǐ dé Zuì duō jiā shí yuán
彼得：最多加10元。

Peter：At most 10 yuan more.

Shòuhuòyuán Nín jiā èrshí zěn me yàng
售货员：您加20，怎么样？

Shop assistant：How about 20 yuan more?

Bǐ dé Nà suàn le
彼得：那算了。

Peter：In that case, forget it.

Shòuhuòyuán Dé liùshí yuán ná zǒu ba
售货员：得，60元拿走吧。

Shop assistant：OK. You can have it for 60 yuan then.

Bǐ dé Zhè hái chà bù duō Gěi nǐ qián
彼得：这还差不多。给你钱。

Peter：That's it. Here's the money.

Shòuhuòyuán Méi líng de
售货员：没零的？

Shop assistant：Do you have change?

Bǐ dé Méi yǒu
彼得：没有。

Peter：No. I don't.

Shòuhuòyuán Zhǎo nín qián Xū yào shén me huí tóu zài lái
售货员：找您钱。需要什么回头再来。

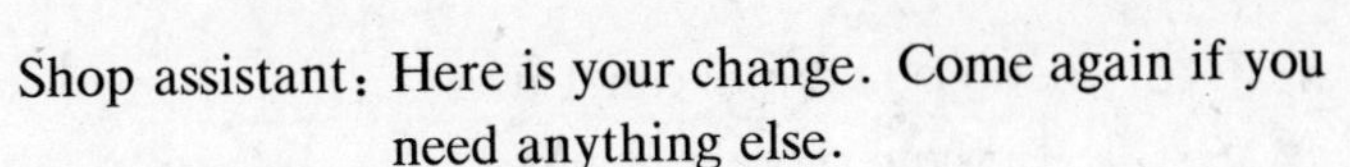

Shop assistant：Here is your change. Come again if you need anything else.

Bǐ dé Hǎo de xiè xie
彼得：好的，谢谢。

Peter：I will. Thank you.

词　汇
Vocabulary

对话 1

需要　xūyào/ need

随便　suíbiàn / random, be free and easy

喜欢　xǐhuan/ like

可以　kěyǐ / can

试一下　shìyíxià/ try, have a try

对话 2

拿　ná / take, get

戴　dài / wear

不好　bùhǎo / not good

算了　suànle / forget it

不错　búcuò/not bad

试衣间　shìyījiān / fitting room

挺　tǐng/ pretty, fairly

合适　héshì/ fit, suitable

对话 3

质量　zhìliàng/ quality

好　hǎo / good

能不能 néng bù néng / can't it

便宜点儿 piányi diǎnr / cheaper

说 shuō / say

再添点儿 zài tiān diǎnr / add more, slightly higher

最多 zuìduō / the most

加 jiā / add

拿走 názǒu / take away

差不多 chàbuduō / more or less

没零的 méi líng de / no change

找钱 zhǎoqián / give change

回头 huítóu / later, some other time

再来 zàilái / come again

相关用语 Relevant Expressions

◉ dà 大
big

◉ xiǎo 小
small

◉ féi 肥
loose, fat

◉ shòu 瘦
tight, thin

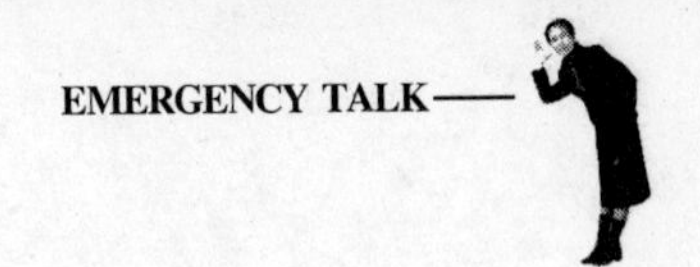

chǐ cùn
◉ 尺寸
size

hào mǎ
◉ 号码
number，size

yán sè
◉ 颜色
color

yàng zi
◉ 样子
pattern，shape，look

yǒu bié de　yàng zi　yán sè　hào mǎ　chǐ cùn
◉ 有别的（样子、颜色、号码、尺寸）
other（pattern，color，number，size）

tài dà le
◉ 太大了
too big

tài xiǎo le
◉ 太小了
too small

zhèng hé shì
◉ 正合适
just fit

bù hǎo kàn
◉ 不好看
ugly

nán kàn
◉ 难看
ugly

nǐ kě zhēn huì kǎn jià
◉ 你可真会砍价。
You are good at bargaining.

bù jiǎng jià
◉ 不讲价。
No bargaining.

yì kǒu jià
◉ 一口价。
Fixed Price，No bargaining.

bù néng tǎo jià huán jià
◉ 不能讨价还价。
No bargaining

zhè ge kě yǐ tuì huò
◉ 这个可以退货。
This can be returned.

jiàng jià shāng pǐn bú tuì huò
◉ 降价商品不退货。
Products on sale are non-refundable.

语言文化小贴士
Language Tips

1. 中国人做生意早就有讨价还价的做法。当时人们讨价还价不用嘴，而用手。旧时的人都穿长衫，两个人各把一只手插到另一个人的袖筒里，用摸手指的方法讨价还价，谈好价才把手拿出来，外人绝对不知道他们的成交

价是多少，真够保密的吧。

您在加点儿钱吧...
就80,不卖我就走了...

The way of bargaining in business dated a long time back among the Chinese people. In the old days, people didn't bargain with their mouth, but with their hands. At that time, they usually wore long gowns and each person would put his hand into the other person's sleeve to bargain through touching fingers. They would take their hands out after settling the price. Outsiders would never know the price of the deal. What a secret it was!

2. "回头再来"中的"回头"不是动词"把头转向后方或回来"的意思，而是副词"稍等一会儿，一段时间以后"的意思。

例如：

1. 咱们先吃饭，这件事回头再说。

2. 这件事你看着办吧。我先走了，回头见。

In the phrase "huítóu zài lái", the term "huítóu" is not a verb meaning "to turn round or go back", but an adverb meaning "later or some other time."

For example:

1. Let's eat first and talk about it later.

2. Please do as you deem fit for this matter. I'll go first. See you later.

练　习
Exercises

1. 用所给词语做三个小对话。Make three simple dialogues with the phrases given below.

需要　看看　试一下　戴　合适　太贵了　算了　便宜点儿　能不能　再添点儿

2. 选择正确的释义。Choose the right explanation.

1) 最多

A. the most

B. the largest amount

C. at least

2) 回头再来

A. turn one's head back

B. come again

C. turn around

3) 没零的

A. no zero

B. no money

C. no change

3. 熟练掌握本单元,并进行角色扮演。Learn the dialogues of this unit by heart and role-play.

答案 Answers:

2.

1) A　2) B　3) C

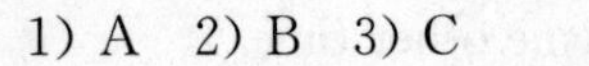

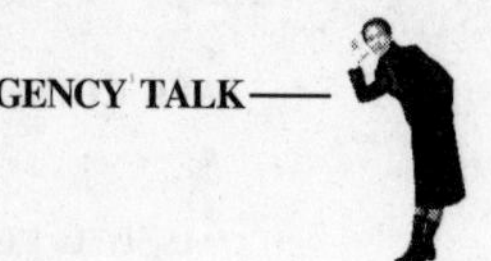

物品遗失
Unit 7 Losing Things

必备用语
Key Expressions

Shén me shì
◉ 什么事?
What's up?

Chū shén me shì le
◉ 出什么事了?
What happened?

Nǐ yǒu shén me shì
◉ 你有什么事?
What's wrong with you?

Wǒ de qiánbāo diū le
◉ 我的钱包丢了。
I lost my purse (wallet).

Nǐ diū shén me le
◉ 你丢什么了?
What did you lose?

Shén me bú jiàn le
◉ 什么不见了?
What was lost?

bú jiàn le
◉ ……不见了。

…is/are gone.

méi le
◉ ……没了。
… is gone.

Wǒ bǎ là zài chē shang fángjiān li zhuō zi shang
◉ 我把……落在车上/房间里/桌子上。
I left …in the car/in the room/on the table.

Néng bāng wǒ zhǎo huí lái ma
◉ 能帮我找回来吗?
Could you help me find it?

Wǒ gāi zěn me bàn
◉ 我该怎么办?
What can I do?

Wǒ yào bào àn
◉ 我要报案。
I'll make a report.

Zài nǎr bào àn
◉ 在哪儿报案?
Where can I make a report?

Diànhuà hào mǎ shì duōshao
◉ 电话号码是多少?
What's the telephone number?

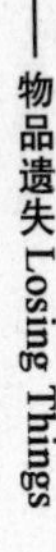

1. 东西落在某地 Leaving things behind

(Ten minutes after getting off the taxi)

Bǐ dé Wǒ de shǒu jī ne
彼得:我的手机呢?
Peter: Where is my cell phone?

Xiǎoguāng Zài bú zài bāo li
小 光:在不在包里?
xiaoguang: Is it in the bag?

Bǐ dé Bú zài Gāng cái hái yòng ne
彼得:不在。刚才还用呢!
Peter: No. I used it just now.

Xiǎoguāng Bú huì là zài chē shang le ba
小 光:不会落在车 上了吧?
xiaoguang: Is it left in the taxi?

Bǐ dé Huài le duō bàn shì là zài chē shang le Zěn me bàn
彼得:坏了,多半是落在车 上 了。怎么办?
Peter: Boy, it's probably left in the taxi. What should I do?

Xiǎoguāng Gěi chū zū chē gōng sī dǎ diàn huà
小 光:给出租车 公司打电话。
xiaoguang: Call the taxi company.

Bǐ dé Diàn huà hào mǎ shì duō shao
彼得:电 话号码是多少?
Peter: What's the telephone number?

XiǎoGuāng Fā piào shang yǒu
小 光:发票 上 有。
xiaoguang: It's on the invoice.

Bǐ dé Chū zū chē gōng sī ma Wǒ bǎ shǒu jī là zài chē shang le
彼得:出租车 公司吗?我把手机落在车 上 了。

Peter: Is that the taxi company? I left my cell phone in one of your taxis.

Chū zū chē gōng sī Chē pái hào shì duō shao
出租车公司：车牌号是多少？

Taxi Company: What's the license plate number?

Bǐ dé Chē pái hào ò shì jīng líng sān sì wǔ liù
彼得：车牌号…… 哦，是京B 03456

Peter: The license plate number… er…is Jing B03456.

Chū zū chē gōng sī Wǒ men chá yí xià Zhǎo dào hòu zěn me gēn nín lián xì
出租车公司：我们查一下。找到后怎么跟您联系？

Taxi Company: We'll check on it, and how can we contact you when we find it?

Bǐ dé Qǐng dǎ zhè ge diànhuà hào mǎ yāo sān jiǔ yāo yāo líng qī liù wǔ sì sān
彼得：请打这个电话号码： 13911076543

Peter: Please call this number 13911076543.

Chū zū chē gōng sī Hǎo
出租车公司：好。

Taxi Company: All right.

2. 丢东西 Losing things

Wù yè guǎn lǐ yuán Qǐngwèn nín yǒu shén me shì
物业管理员：请问您有什么事？

Housing clerk: May I help you?

Bǐ dé Wǒ de bāo diū le
彼得：我的包丢了。

Peter: I lost my bag.

Wù yè guǎn lǐ yuán Shén me bāo duō dà de
物业管理员：什么包，多大的？

Housing clerk: What kind of bag? How big is it?

Bǐ dé Gōngwénbāo yǒu zhè me dà
彼得：公文包，有这么大。

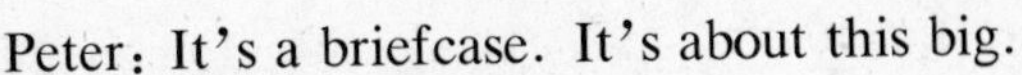

Peter: It's a briefcase. It's about this big.

Wù yè guǎn lǐ yuán　Shén me yán sè
物业管理员:什么颜色?
Housing clerk: What color is it?

Bǐ dé　Hēi sè de　pí zi de
彼得:黑色的,皮子的。
Peter: It's black and leather.

Wù yè guǎn lǐ yuán　Lǐ miàn yǒu shén me
物业管理员:里面有 什么?
Housing clerk: What's inside?

Bǐ dé　Yǒu ge bǐ jì běn diànnǎo　hái yǒu yì xiē zī liào
彼得:有个笔记本 电脑,还有一些资料。
Peter: There is a laptop and some files.

Wù yè guǎn lǐ yuán　Shén me pái zi de diànnǎo
物业管理员:什么牌子的电脑?
Housing clerk: What's the brand of the laptop?

Bǐ dé　de
彼得:IBM 的
Peter: IBM.

Wù yè guǎn lǐ yuán　Zài nǎ lǐ diū de
物业管理员:在哪里丢的?
Housing clerk: Where did you lose it?

Bǐ dé　Hǎoxiàng zài dà tīng li
彼得:好像 在大厅里。
Peter: I think I lost it at the hall (lobby).

Wù yè guǎn lǐ yuán　Kànkan shì bú shì zhè ge
物业管理员:看看是不是这个?
Housing clerk: Take a look at this bag. Is this the one?

Bǐ dé　Yí　jiù shì tā　Zhè shì wǒ de bāo
彼得:咦,就是它。这是我的包。
Peter: Hey, that's it. This is my bag.

Wù yè guǎn lǐ yuán　Nǐ ya　tài cū xīn dà yì le　zǒu shí yě bu kàn
物业管理员:你呀,太粗心大意了,走时也不看

yí xià
一下。

Housing clerk：You are too careless. You didn't even check around when you left.

Bǐ dé Guài wǒ
彼得：怪我。

Peter：That's my fault.

Wù yè guǎn lǐ yuán Shì bǎo ān fā xiàn sòngdào wǒ men zhè lǐ de
物业管理员：是保安发现 送到我们 这里的。

Housing clerk：It's the security guard who found it and sent it here to us.

Bǐ dé Zhēn shì tài gǎn xiè nǐ men le
彼得：真是太感谢你们了。

Peter：Thank you so much.

wù yè guǎn lǐ yuán Bú yòng xiè ná zǒu ba Xià cì bié diū sān là sì de le
物业管理员：不用谢，拿走吧。下次别丢三落四的了。

Housing clerk：Not at all. Don't be so careless the next time.

Bǐ dé hǎo de wǒ yí dìng zhù yì
彼得：好的，我一定 注意。

Peter：OK. I will be careful.

3. 孩子走失 Lost child

Zài jiē xīn gōngyuán li
(在街心公园里)

(at a street garden)

Niánqīng nǚ zǐ Jié kè Jié kè Jié kè ne
年轻女子：杰克，杰克。杰克呢？

Young woman：Jack，Jack. Where is Jack?

Bù hǎo jié kè bú jiàn le
不好，杰克不见了。

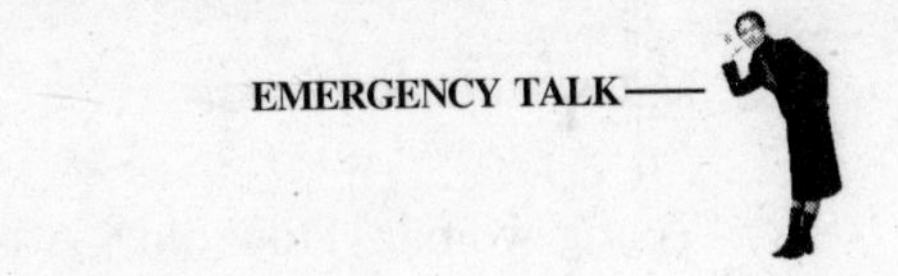

Oh，no. Jack is gone.

Niánqīng nǚ zǐ Zháo jí qǐ lái tā dào nǎ lǐ qù le
年轻女子：(着急起来)他到哪里去了？

Young woman：(begins to worry) Where is he?

Nǚ zǐ de péngyou Shì bú shì zài qiánmiàn Wǒ qù kànkan
女子的朋友：是不是在前面？我去看看。

Young woman's friend：Is he up ahead? I'll go and see.

Nǚ zǐ de péngyou Huí lái méi yǒu
女子的朋友：(回来)没有。

Young woman's friend：(returns) No，he's not there.

Niánqīng nǚ zǐ Nà huì qù nǎr ne
年轻女子：那会去哪儿呢？

Young woman：Where is he then?

Nǚ zǐ de péngyou Wènwen bié rén kànjiàn méi yǒu
女子的朋友：问问别人看见没有。

Young woman's friend：Ask someone else whether they have seen him.

Niánqīng nǚ zǐ Dà jiě nǐ kànjiàn yí ge xiǎo nánháir le ma
年轻女子：大姐，你看见一个小男孩儿了吗？

Young woman：Madam，have you seen a little boy?

Zhōngnián nǚ zǐ Duō dà
中年女子：多大？

Middle-aged woman：How old is he?

Niánqīng nǚ zǐ Sì suì zhè me gāo
年轻女子：4岁，这么高。

Young woman：Four years old，about this tall.

Zhōngnián nǚ zǐ Méi kànjiàn Wǒ yě zài zhǎo wǒ de hái zi ne
中年女子：没看见。我也在找我的孩子呢！

Middle-aged woman：No. I'm looking for my child，too.

Niánqīng nǚ zǐ Jǐ suì le Nán de hái shì nǚ de
年轻女子：几岁了？男的还是女的？

Young woman: How old? A boy or a girl?

Zhōngnián nǚ zǐ Nǚ de Jiào lè le
中年女子:女的。叫乐乐。

Middle-aged woman: A girl, called Le Le

Niánqīng nǚ zǐ Nà zánmen kuài zhǎo ba Jié kè
年轻女子:那咱们快找吧。杰克……

Young woman: Then, let's look for them quickly. Jack!

Zhōngnián nǚ zǐ Lè le
中年女子:乐乐……

Middle-aged woman: Le Le…

Niánqīng nǚ zǐ Wǒ hǎoxiàng tīngdào wǒ hái zi de shēng yin le
年轻女子:我好像听到我孩子的声音了。

Young woman: I think I heard my child's voice.

Cháo shēng yīn de fāng xiàng pǎo qù
(朝声音的方向跑去。)

(Running towards the sound)

Niánqīng nǚ zǐ Jié kè
年轻女子:杰克。

Young woman: Jack.

Jié kè Wǒ zài zhèr zhèng hé yì zhī xiǎogǒu zài wánr
杰克:我在这儿。(正和一只小狗在玩儿。)

Jack: I'm here. (playing with a puppy.)

Niánqīng nǚ zǐ Kě zhǎodào nǐ le
年轻女子:可找到你了。

Young woman: So, here you are.

Zhōngnián nǚ zǐ Āi yo kě xià sǐ wǒ le Yuán lái nǐ zài zhèr ne
中年女子:哎哟,可吓死我了。原来你在这儿呢!

Middle-aged woman: Well, I was almost frightened to death. There you are.

Niánqīng nǚ zǐ Nǐ yě zhǎodào le
年轻女子:你也找到了?

Young woman: Have you found your child?

Zhōngnián nǚ zǐ Shì a Yuán lái tā men liǎ zài yì qǐ wánr ne

中年女子:是啊! 原来他们俩在一起玩儿呢!

Middle-aged woman: Yes. They are playing together.

Niánqīng nǚ zǐ Nǐ shuō de hái zi jiù shì tā xiǎogǒu ya

年轻女子:你说的孩子就是她,小狗呀?!

Young woman: The child you were saying is her, a puppy?!

Zhōngnián nǚ zǐ Ò nǐ yǐ wéi shì

中年女子:噢,你以为是……

Middle-aged woman: Hum, you thought it's …

Niánqīng nǚ zǐ Hā hā hā Liǎng rén dōuxiào qǐ lái le

年轻女子:哈哈哈。(两人都笑起来了。)

Young woman: Hahaha…(both are laughing.)

词汇 Vocabulary

对话 1

手机 shǒujī / cell phone

在……里 zài…lǐ/ in…

包 bāo / bag

刚才 gāngcái / just now

用 yòng / use

会 huì / can

落 là / be left, leave

在…上 zài…shàng/ on…

车 chē/ car

坏了 huàile / be broken

多半 duōbàn / probably; the greater part

给……打电话　gěi…dǎ diànhuà / call sb.
出租车公司　chūzūchē gōngsī/ taxi company
电话号码　diànhuà hàomǎ/ telephone number
车牌号　chēpáihào / license plate number
查一下　chá yixià / check
跟……联系　gēn…liánxì / contact sb.

对话 2

什么事　shénme shì / what's the matter?
我的　wǒ de / my
丢了　diūle / lose; be lost
多大　duōdà / how big
公文包　gōngwénbāo / briefcase
颜色　yánsè / color
黑色的　hēisè de/ black
皮子的　pízi de / leather
里面　lǐmiàn / inside
笔记本电脑　bǐjìběn diànnǎo / laptop
一些资料　yìxiē zīliào / some files/ information
牌子　páizi / brand
电脑　diànnǎo/ computer
丢　diū / lose
好像　hǎoxiàng/ seem, as if
大厅　dàtīng/ hall
就是它　jiùshì tā/ that's it
太　tài / too
粗心大意　cūxīn-dàyì / careless

走　zǒu / go; leave

怪我　guài wǒ / my fault, blame me

保安　bǎo'ān/ security guard

发现　fāxiàn / find

送到　sòngdào / send, deliver

拿走　názǒu/ take away

下次　xiàcì/ next time

丢三落四　diūsān-làsì / be careless and sloppy

一定　yídìng/ must

注意　zhùyì/ pay attention to

对话 3

前面　qiánmiàn / in front

问　wèn / ask

别人　biérén / others

看见　kànjiàn / see

小男孩儿　xiǎo nánháir / little boy

多大　duōdà / how old

这么高　zhème gāo / this tall

孩子　háizi / child

几岁　jǐ suì / how old

男的　nán de / male

女的　nǚ de/ female

咱们　zánmen / we

快　kuài / fast

找　zhǎo / look for

听到　tīngdào / hear

声音　shēngyīn / voice, sound

吓死　xiàsǐ / frightened to death

原来　yuánlái / formerly, originally

俩　liǎ/ two

一起　yìqǐ/ together

玩儿　wánr/ play

小狗　xiǎogǒu / puppy

以为　yǐwéi / think, feel

相关用语 Relevant Expressions

◉ 衣物 (yī wù)

clothes

◉ 钱包 (qiánbāo)

purse

◉ 护照 (hù zhào)

passport

◉ 行李 (xíng li)

luggage

◉ 手提包 (shǒu tí bāo)

handbag

◉ 小孩子 (xiǎo hái zi)

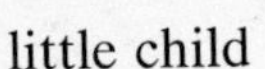

little child

zǒu shī
◉ 走失
go astray, be lost

hóng sè
◉ 红色
red

bái sè
◉ 白色
white

Lǐ miàn yǒu shén me
◉ 里面 有 什么?
What's inside?

Néng zhǎodào ma
◉ 能 找到 吗?
Can you find it?

Yǒu xī wàng ma
◉ 有希望吗?
Is it possible? /Is there hope?

xī wàng miǎománg bú dà
◉ 希望 渺茫/不大
not much hope; hopeless, impossible

Shí yǒu bā jiǔ zhǎo bù huí lái le
◉ 十有八九找不回来了。
Probably it cannot be found. / There's a high possibility it cannot be found.

语言文化小贴士
Language Tips

1. “我把手机落在车上了。”这句话中的“落”是多音字，在这里不念 luò，念 là。当表示某人因遗忘而将东西留在某处时，就用“落在……”表示。

In the sentence “wǒ bǎ shǒujī là zài chē shang le” (I left my cell phone in the car.), the word “là” (leave) is a polyphone. It is pronounced “là” instead of “luò” here. When referring to someone forgetting something and leaving it at a place, you can use “là zài…” to express.

2. “多半”有两个意思，一个是“超过半数；大半”，另一个是“大概”。对话中出现的“多半”是后面的意思，表示可能性很大。

There are two meanings to the phrase “duō bàn”: one is “the greater part, or more than half”; another is “probably.” In the dialogue, “duō bàn” means the latter, expressing a great possibility.

3. 失物招领

如果你外出把东西落在某处，你可以返回去找，或去那里的管理部门找，一般大的商场或公共场所都设有失物招领处。如果丢了东西，可以去丢东西所在地的派出所报案，通常你需要告诉民警丢的什么东西、丢的地方、东西的特征等，并留下你的姓名、地址和联系电话，一旦东西被找到，民警会通知你。

Reclaiming Lost Property (Lost and Found)

If you accidentally leave something behind at a place when you're out, you can always go back to look for it, or go to the administration office of that place to look for

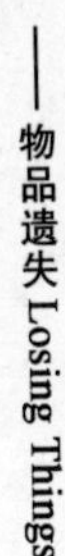

it. Usually a large store or public place has a Lost and Found office. If one loses something, he or she can go to make a police report at the nearest police station. Usually, you'll need to tell the policeman what you have lost, where you have lost it, what it looks like, etc, and leave your name, address and phone numbers. The police will inform you once they found your things.

练　习 Exercises

1. 根据句型，用所给的词语做口语替换练习。According to the sentence structure, orally replace the underlined phrases with the words/phrases given.

我把手机落在车上了。

1) 我把________落在________了。(钱包、家)
2) 我把________落在________了。(笔记本、会议室)
3) 我把________落在________了。(衣服、车里)
4) 我把________落在________了。(包、办公室)
5) 我把________落在________了。(手机、桌子上)

2. 根据提示,完成下列对话。Complete the following dialogues with the hints given.

A:我的________了。(包丢)
B:什么包,多大的?
A:________,有这么大。(公文包、手提包)
B:什么颜色?
A:________的,皮子的。(黑色、红色)
B:里面有什么?
A:有个________,还有________。(笔记本电脑,一些资料;钱包,手机)

3. 请用下列词语做三个小对话。Make three simple dialogues with the words given.

丢　找　找到　没　里面有　哪里　这个　是不是　没错　谢谢

答案 Answers:

3. 参考答案

1)
A:我的手机丢了。
B:找到了吗?
A:没有。

2)
A:我的钱包没了。
B:你找了吗?
A:找了,但没找到。

3)

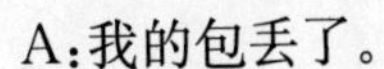

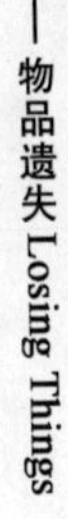

A:我的包丢了。
B:在哪里丢的?
A:在商店。
B:里面有什么?
A:有一些资料,还有钱包。
B:是不是这个?
A:没错。谢谢!

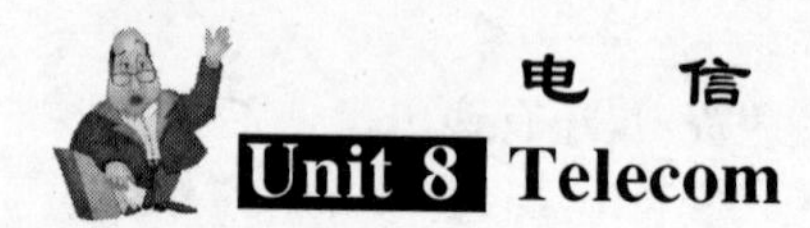

电信
Unit 8 Telecom

必备用语 Key Expressions

Yǒu chōng zhí kǎ ma
◉ 有 充 值卡吗?
Do you have top-up cards?

liántōng de
◉ 联通的
Unicom

yí dòng de
◉ 移动的
Mobile

Duō dà miàn zhí. de
◉ 多大面值的?
How much is the face value?

Duōshao qián de kǎ
◉ 多少 钱的卡?
How much is the card?

méidiàn le
◉ 没电了
No power; ran out of juice (battery)

chōngdiàn
◉ 充电
charge

méiyǒu chōngdiàn qì
◉ 没有 充电器
no charger

Nǎ lǐ néng chōngdiàn
◉ 哪里能 充电？
Where can I charge my phone?

Dàodiàn xìn yíng yè tīng bàn shǒu xù
◉ 到电信营业厅 办 手续。
Go to the telecom operation office and go through the formalities (procedures)

jiāo shǒu jī huà fèi
◉ 交 手机话费
pay cell phone bill.

shǒu jī qiàn fèi
◉ 手机欠费
overdue cell phone bill (charges)

tíng jī
◉ 停机
phone service terminated

kāi jī
◉ 开机
switch on cell phone

kāi tōng shǒu jī
◉ 开通 手机
start (sign up for) cell phone services

Nín suǒ bō jiào de diànhuà bù zài fú wù qū
◉ 您所拨叫的电话不在服务区。
The number you are calling (dialed) is not in the service area.

Xiàn lù máng qǐngshāohòu zài bō
◉ 线路忙，请稍后再拨。
The line is busy. Please try again later.

情景对话 Situational Dialogues

1. 手机欠费 Overdue cell phone bills

Bǐ dé Xiǎoguāng wǒ de shǒu jī bù néng yòng le
彼得：小光，我的手机不能用了。
Peter：xiaoguang, my cell phone is dead (can't be used).

Xiǎoguāng Zěn me le
小光：怎么了？
xiaoguang：What's wrong?

Bǐ dé Bèi tíng jī le
彼得：被停机了。
Peter：My service have been terminated.

Xiǎoguāng Wèishén me
小光：为什么？
xiaoguang：Why?

Bǐ dé Yīn wèi qiàn fèi
彼得：因为欠费。
Peter：Because of overdue phone bills.

Xiǎoguāng Shì ma
小光：是吗？
xiaoguang：Really?

Bǐ dé　Wǒ gāi zěn me bàn
彼得：我该怎么办？
Peter：What should I do?

Xiǎoguāng　Nǐ yòng chōng zhí kǎ hái shì měi yuè jiāo huà fèi
小光：你用充值卡还是每月交话费？
xiaoguang：Do you use top-up cards or pay for your phone bill every month?

Bǐ dé　Měi yuè jiāo huà fèi
彼得：每月交话费。
Peter：Monthly phone bills.

Xiǎoguāng　Nǐ shǐ yòng de shì Zhōngguó Liántōng hái shì Zhōngguó Yí dòng
小光：你使用的是中国联通还是中国移动？
xiaoguang：Do you use China Unicom or China Mobile?

Bǐ dé　Yí dòng de
彼得：移动的。
Peter：China Mobile.

Xiǎoguāng　Zhī dào le　Nǐ děi dào fù jìn de Zhōng guó Yí dòng diàn xìn yíng yè tīng bàn shǒu xù
小光：知道了。你得到附近的中国移动电信营业厅办手续。
xiaoguang：All right, you'll have to go to a China Mobile telecom service center to go through the procedures.

Bǐ dé　Rán hòu ne
彼得：然后呢？
Peter：And then?

Xiǎoguāng　Bǔ jiāo huà fèi hòu　tā men huì kāi tōng nǐ de shǒu jī
小光：补交话费后，他们会开通你的手机。
xiaoguang：After you make a deferred payment of your overdue phone bills, they will reinstate your phone service.

Bǐ dé　Ó　wǒ mǎ shàng qù bàn　Méi yǒu shǒu jī zhēn bù fāng biàn
彼得：哦，我马上去办。没有手机真不方便。

Peter: Oh, I'll do it right now. It's really inconvenient without a cell phone.

2. 手机充值

(At a newspaper booth.)

Bǐ dé Nǐ menzhèr yǒuchōng zhí kǎ ma
彼得:你们这儿有充值卡吗?

Peter: Do you have top-up cards here?

Tān zhǔ Yǒu
摊主:有。

Owner: Yes.

Bǐ dé Yǒushén me chōng zhí kǎ
彼得:有什么充值卡?

Peter: What kind of top-up cards do you have?

Tān zhǔ Shén me dōu yǒu Nǐ yào nǎ gè
摊主:什么都有。你要哪个?

Owner: I have all kinds. Which one do you want?

Bǐ dé Wǒ yàoShén zhōu xíng
彼得:我要神州行。

Peter: I want Shenzhouxing.

Tān zhǔ Duō dà miàn zhí de
摊主:多大面值的?

Owner: How much face value do you want?

Bǐ dé Nǐ yǒu duō dà de
彼得:你有多大的?

Peter: How much do you have?

Tān zhǔ Wǔshí yuán yìbǎi yuán sānbǎi yuán
摊主:50元,100元,300元。

Owner: 50 yuan, 100 yuan, and 300 yuan.

Bǐ dé Wǒ yào yí gè yìbǎi yuán de
彼得:我要一个100元的。

Peter: I'd like a 100-yuan card.

Tān zhǔ Gěi nǐ
摊主：给你。
Owner：Here you are.

Bǐ dé Qián zài zhèr
彼得：钱在这儿。
Peter：Here is the money.
Zěn me chōng zhí Wǒ lái shì shi
怎么充值？我来试试。
How do I top-up? Let me try.

Tān zhǔ Guā kāi mì mǎ bō dǎ zhè gè hào mǎ Zhè gè hào mǎ shì miǎn fèi de
摊主：刮开密码，拨打这个号码。这个号码是免费的。
Owner：Scratch away the password, and dial this number. Dialing this number is free of charge.

Diànhuà lǐ chuán lái ruò xū chōng zhí qǐng àn yī
（电话里传来）若需充值请按1。
(a sound can be heard from the phone) Please press 1 to top-up.

Tān zhǔ Rán hòu bǎ zhè háng shù zì shū rù shǒu jī
摊主：然后把这行数字输入手机。
Owner：And then input this line of numbers into your cell phone.

Bǐ dé Shū rù shù zì shū wán le
彼得：（输入数字）输完了。
Peter：(inputting numbers) I have finished inputting the numbers. /Done.

Tān zhǔ Zuì hòu àn hào jiàn jié shù
摊主：最后按#号键结束。
Owner：Press the # key to end it.

Bǐ dé Zhè jiù chōng zhí wán le
彼得：这就充值完了？

Peter: That's all?

Tānzhǔ Duì nǐ xiàn zài jiù kě yǐ yòng le
摊主:对,你现在就可以用了。

Owner: Yes. You can use it now.

Bǐ dé Tài hǎo le xiè xie nǐ
彼得:太好了,谢谢你。

Peter: Excellent. Thank you.

Tānzhǔ Bù kè qi
摊主:不客气。

Owner: You're welcome.

3. 手机没电 Cell phone out of power

(During a call, the cell phone beeps to warn that the battery is running out.)

Bǐ dé Wèi āi kuài shuō wǒ de shǒu jī kuài méi diàn le
彼得:喂,哎,快 说,我的手机快没电了。

Peter: Hello, hey, hurry up! My cell phone is running out of battery.

XiǎoGuāng Nà hǎo děng nǐ dàogōng sī zài yòngzuò jī gěi wǒ dǎ ba
小 光:那好,等你到公司再用座机给我打吧。

xiaoguang: Well then, call me with the land line when you get to the office.

Bǐ dé Hǎo de
彼得:好的。

Peter: OK.

Dàogōng sī
(到公司)

(Arrives at the office)

Bǐ dé Hāi Xiǎo Lǐ wǒ de shǒu jī yào chōng diàn nǐ nà lǐ yǒu chōng diàn qì ma
彼得:嗨,小李,我的手机要充 电,你那里有充电器吗?

Peter: Hi, Xiao Li. My cell phone needs charging. Do you have a charger?

Xiǎo Lǐ Yǒu dàn wǒ bù zhī dào nǐ shì fǒu néng yòng

小李:有,但我不知道你是否能 用。

Xiao Li: Yes. But I don't know whether you can use it or not.

Bǐ dé Wǒ kàn kan Āi ya Bù néng yòng

彼得:我看看。哎呀!不能 用。

Peter: Let me see. Well, I can't use it.

Xiǎo Lǐ ń wǒ de shǒu jī shì xīn xíng de nǐ de shì lǎo kuǎn

小李:嗯,我的手机是新型的,你的是老款。

Xiao Li: Hm, my cell phone is a new model, and yours is an old model.

Bǐ dé Nǎ lǐ néng chōng diàn ne

彼得:哪里能 充 电呢?

Peter: Where can it be charged?

Xiǎo Lǐ Tīng shuō huǒ chē zhàn yǒu miǎn fèi chōng diàn qì

小李:听 说火车站有免费充 电器。

Xiao Li: I heard there are free chargers at the railway station.

Bǐ dé Tài yuǎn le

彼得:太远了。

Peter: That's too far.

Xiǎo Lǐ Zhè fù jìn méi yǒu kě yǐ chōng diàn de dì fang

小李:这附近没有可以充 电的地方。

Xiao Li: There isn't any place around here to charge it.

Bǐ dé Nǐ de shǒu jī diàn chí wǒ néng yòng ma

彼得:你的手机电池我能 用吗?

Peter: Can I use your cell phone battery?

Xiǎo Lǐ Bù zhī dào xiān kàn kan zài shuō

小李:不知道,先看看再说。

Xiao Li: I don't know. Let's see.

Bǐ dé Hǎo xiàng bù xíng
彼得：好 像不行。
Peter：I don't think so.

Xiǎo Lǐ Yào bù rán nǐ xiān yòng wǒ de shǒu jī ba
小李：要不然，你先 用我的手机吧？
Xiao Li：If not，you may use my cell phone first.

Bǐ dé Nà xíng ma
彼得：那行吗？
Peter：Is that all right?

Xiǎo Lǐ Zěn me bù xíng ná qù yòng ba bié diū le jiù xíng
小李：怎么不行，拿去用吧，别丢了就行。
Xiao Li：Why not. Just take it，but don't lose it.

Bǐ dé Nǐ zhēn hǎo
彼得：你真 好！
Peter：You are so kind.

Xiǎo Lǐ Nà hái yòng shuō
小李：那还用 说。
Xiao Li：That's needless to say.（You can say that again.）

词汇 Vocabulary

对话 1

我的 wǒ de / my
手机 shǒujī / cell phone
不能 bùnéng / can't
用 yòng / use
停机 tíngjī / service terminated
因为 yīnwèi / because
欠费 qiàn fèi / overdue phone bill

充值卡 chōngzhíkǎ / top-up card

每月 měi yuè / every month, monthly

交话费 jiāo huàfèi / pay phone bill

使用 shǐyòng / use

中国联通 Zhōngguó Liántōng /China Unicom

中国移动 Zhōngguó Yídòng / China Mobile

电信 diànxìn / telecom

营业厅 yíngyètīng / operation office

办手续 bàn shǒuxù / go through procedures

然后 ránhòu / and then, afterward

补交 bǔ jiāo / make a deferred payment

话费 huàfèi / phone charges, phone bill

开通 kāi tōng / start service

不方便 bù fāngbiàn / inconvenient

对话 2

哪个 nǎge / which

面值 miànzhí / face value

充值 chōngzhí / top-up

试试 shìshì / try

刮开 guākāi / scratch away

密码 mìmǎ / password

拨打 bōdǎ / dial

号码 hàomǎ / number

免费的 miǎnfèi de / free

若需 ruòxū / if necessary

按 àn / press

这行　zhè háng / this line（industry）

数字　shùzì / number

输入　shūrù / input

完了　wán le / finish，be over

最后　zuìhòu / finally

键　jiàn / key

结束　jiéshù / finish，end

现在　xiànzài / now

对话 3

说　shuō / say

快　kuài / fast

没电　méi diàn / no power；run out of juice（battery）

公司　gōngsī / company

座机　zuòjī / land line

充电　chōngdiàn / charge

充电器　chōngdiànqì / charger

新型的　xīnxíng de / latest-model，new-model

老款　lǎo kuǎn / old model

火车站　huǒchēzhàn / railway（train）station

远　yuǎn / far

电池　diànchí / battery

丢　diū / lose

相关用语
Relevant Expressions

duǎn xìn
◉ 短信
short message (sms-short messaging system)

shōu　fā duǎn xìn
◉ 收/发短信
fa duan xin / receive/send messages

shǒu jī gōngnéng
◉ 手机功能
cell phone functions

màn yóu
◉ 漫游
roam

quán qiú tōng
◉ 全球通
global connection

guó jì　guó nèi cháng tú
◉ 国际/国内长途
international/ domestic long-distance

ěr jī
◉ 耳机
earphone

语言文化小贴士
Language Tips

1. "没电"在中文里有两个意思,一个是指电路断开,停止供电;另一个是指电池的电用完了。在最新口语中,人们把"没电"引申为"没有力气、精力、热情","没有可能"。例如:

1) 跑完 800 米后,他感到自己是彻底没电了。

2) A:这张桌子能放在那个角落里吗?

B:这么小的地方,绝对没电。

"Méi diàn" in Chinese has two meanings: one refers to a breakdown in circuit or power failure; another refers to running out of battery. In the latest colloquialism, people refer "méi diàn" to "no strength, energy, enthusiasm", or "impossible". For example:

1) After running 800 meters, he felt he had no power left.

2) A: Can this table be moved to that corner?

B: It is absolutely impossible for such a small place.

2. "充电"在中文里指补充电能,通常用于给可充性的电池充电。在最新口语中,人们说"充电"还有一个意思是"补充知识或技能"。例如:一到节假日,社会上就有不少的人参加各种各样的学习班,他们都想利用这段时间为自己充电,提高自身的社会竞争力。

"Chōngdiàn" in Chinese refers to renewing (recharging) electric energy, usually used in chargeable batteries. In the latest colloquialism, "chōngdiàn" has another meaning: "to learn more knowledge or skills;

to upgrade oneself". For example: During holidays, many people will sign up for various classes. They want to make use of the time to upgrade themselves, learn more things and to increase their competitiveness in society.

3. "来电"在中文里有两个意思,一个是指电路断开后接通,恢复供电;另一个是指打来电报或电话。在最新口语中,人们把"来电"引申为"来精神、热情,产生好感",主要对异性而言。例如:他一看见漂亮女生就来电,想方设法去跟人家套近乎。

"Láidiàn" has two meanings in Chinese: one is the resuming of power after a power failure; the other is to receive incoming telegram or phone call. In the latest colloquialism, people say "láidiàn" to refer to "being filled with energy, spirit or enthusiasm, or to have special liking." It's mainly used to refer to the opposite sex. For example: As soon as he sees a pretty girl, he would be filled with energy, and would try all means to hit on her.

4. "那还用说。"不是责怪他"不用说"的意思,而是"你说得对极了;没错"的意思,常用在朋友中相互夸奖的时候,有"顺竿爬"或"说你胖,你就喘"的意思,表示说话人觉得自己特别好,特别棒(见例 1)。另外还有一个意思是"明摆着的事,不用说都知道(见例 2)。"

例 1:A: 你真棒,这么快就修好了。

B: 那还用说。

例 2:A: 这么窄的路,车能过去吗?

B: 那还用说。肯定没戏呀!

"Nà hái yòng shuō" is not to blame someone, meaning "you don't need to say", but it means "you're absolute-

ly right, or you can say that again." It is often used among friends who praise each other. It has meanings to accept what others are flattering you about, indicating the speaker feels he or she is superb (see example 1). In addition, there is another meaning: "it's obvious and everyone knows without having to say it" (see example 2).

Example 1.

A: You're wonderful. You have it repaired in such a short time.

B: That's needless to say. / That's but of course.

Example 2.

A: It's such a narrow road. Can the car go through it?

B: Needless to say, it's impossible.

练　　习
Exercises

1. 看图说话。Look and describe.

1）手机被停机。

2）在报摊买充值卡。

3）借充电器

2. 请根据英文说出下列词汇的中文。Please express the following English words/phrases in Chinese.

1）no power
2）charger
3）battery
4）phone bill
5）top-up card

3. 词语练习。请用下列词语完成句子。Complete the following sentences with the words given.

欠费　停机　用　充值　还是

1）我的手机不能＿＿＿＿＿了。
2）被＿＿＿＿＿了。
3）因为＿＿＿＿＿。
4）你用充值卡＿＿＿＿＿每月交话费？
5）怎么＿＿＿＿＿？我来试试。

答案 Answers：

2.

1）没电

2）充电器
3）电池
4）话费
5）充值卡

3.

1）用
2）停机
3）欠费
4）还是
5）充值

急　诊
Unit 9 Medical Emergency

必备用语
Key Expressions

Wǒ yào qù kànbìng
◉ 我要去看病。
I want to see a doctor. / I'm going to the doctor's.

Nǐ zěn me le
◉ 你怎么了?
What's wrong with you?

Nǐ nǎr bù shū fu
◉ 你哪儿不舒服?
What's wrong with you?

Wǒ bìng le
◉ 我 病了。
I'm sick.

Zhèr téng
◉ 这儿疼。
I'm having pains here.

Wǒ bù shū fu
◉ 我不舒服。
I don't feel well.

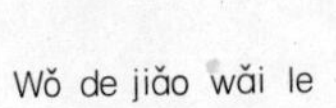

Wǒ de jiǎo wǎi le
◉ 我的脚崴了。
I sprained my foot.

Wǒ tóu téng de lì hài
◉ 我头疼得厉害。
I have a terrible headache.

Wǒ kě néng fā shāo le
◉ 我可能发烧了。
I'm probably having a fever.

Yán zhòng ma
◉ 严重吗?
Is it serious?

Nǐ zhǐ shì gǎnmào le
◉ 你只是感冒了。
You've just caught a cold.

Wǒ xū yào dǎ zhēn ma
◉ 我需要打针吗?
Do I need any injections?

Chī diǎnr yào jiù xíng le
◉ 吃点儿药就行了。
Just take some medicine will do.

Zhè shì chǔfāng
◉ 这是处方。
Here's the prescription.

Kāi diǎnr yào
◉ 开点儿药
write a prescription, give me some medicine.

Zài nǎr ná yào
◉ 在哪儿拿药？
Where can I get the medicine?

情景对话
Situational Dialogues

1. 头痛 Headache

Yī shēng Nǐ nǎr bù shū fu
医 生：你哪儿不舒服？
Doctor：What's wrong with you?

Bǐ dé Wǒ tóu téng de lì hai
彼得：我头疼得厉害。
Peter：I have a terrible headache.

Yī shēng Jǐ tiān le
医 生：几天了？
Doctor：For how many days already?

Bǐ dé Jīn tiān kāi shǐ de
彼得：今天开始的。
Peter：It started today.

Yī shēng Fā shāo ma
医 生：发烧吗？
Doctor：Have you got a fever?

Bǐ dé Yǒudiǎnr
彼得：有点儿。
Peter：A little bit.

Yī shēng Nǐ shì guobiǎo le ma
医 生：你试过表了吗？
Doctor：Have you taken your temperature?

Bǐ dé Méi yǒu
彼得：没有。
Peter：Not yet.

Yī shēng Xiān shì shi biǎo
医生：先试试表。
Doctor：Let's take a temperature first.

Bǐ dé Duōshao dù
彼得：多少度？
Peter：What's the temperature?

Yī shēng Sānshíbā diǎn jiǔ dù Ràng wǒ kàn kan nǐ de sǎng zi Zhāng kāi zuǐ shuō ā
医生：39.8 度。让我看看你的嗓子。张开嘴，说"啊"。
Doctor：38.9 degrees. Let me see your throat. Open your month and say "Ah".

Bǐ dé Ā
彼得：啊……
Peter：Ah...

Yī shēng Bǎ yī fu liāo qǐ lái Qǐng xī qì zài shēn xī yì kǒu qì
医生：把衣服撩起来。请吸气，再深吸一口气。
Doctor：Hold up your clothes. Take a breath. Another deep breath, please.

Bǐ dé Zěn me yàng
彼得：怎么样？
Peter：How is it?

Yī shēng Fèi bù méi shì Nǐ zhǐ shì gǎnmào le
医生：肺部没事。你只是感冒了。
Doctor：Your lungs are all right. You've just caught a cold.

Bǐ dé Wǒ xū yào dǎ zhēn ma
彼得：我需要打针吗？
Peter：Do I need to have any injections?

Yī shēng Bù xū yào
医生：不需要。
Doctor：It's not necessary.

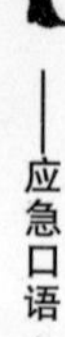
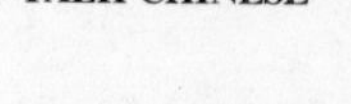

2. 肚子痛 Belly ache

Yī shēng Nǐ nǎr bù hǎo
医 生:你哪儿不好?
Doctor: What's wrong with you?

Bǐ dé Wǒ dù zi bù shū fu
彼得:我肚子不舒服。
Peter: Something's wrong with my stomach.

Yī shēng Lā xī ma
医 生:拉稀吗?
Doctor: Do you have loose bowels?

Bǐ dé Lā
彼得:拉。
Peter: Yes.

Yī shēng Yì tiān lā jǐ cì
医 生:一天拉几次?
Doctor: How many times did you have in a day?

Bǐ dé Jīn tiān lā sì cì le
彼得:今天拉 4 次了。
Peter: I had to go four times today.

Yī shēng Tǎng dào chuáng shàng Zhèr téng ma
医 生:躺 到 床 上。这儿 疼 吗?
Doctor: Lie on the bed. Is it painful here?

Bǐ dé Téng
彼得:疼。
Peter: Yes.

Yī shēng Zhèr ne
医 生:这儿呢?
Doctor: How about here?

Bǐ dé Téng
彼得:疼。
Peter: Yes.

Yī shēng Zuò gè huàyàn ba Xiān yàn xiě zài yàn dà biàn
医 生:做个化验吧。先 验 血,再验大便。

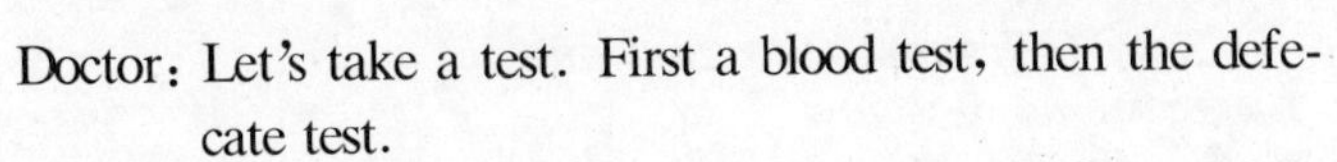

Doctor: Let's take a test. First a blood test, then the defecate test.

(After the test result is out.)

Bǐ dé Yǒu wèn tí ma
彼得:有问题吗?

Peter: Anything wrong?

Yī shēng Méi yǒu shén me dà wèn tí zhǐ shì xiāo huà bù liáng
医生:没有什么大问题。只是消化不良。

Doctor: There is no big problem. It's just indigestion.

Bǐ dé Nà jiù hǎo
彼得:那就好。

Peter: That's a relief.

Yī shēng Zhè shì chǔ fāng Nǐ kě yǐ zài zhèr qǔ yào huò dào yào diàn mǎi yào
医生:这是处方。你可以在这儿取药,或到药店买药。

Doctor: Here's the prescription. You can get it here or at a pharmacy (drugstore).

Bǐ dé Zhè gè yào zěn me chī
彼得:这个药怎么吃?

Peter: How should I take the medicine?

Yī shēng Yí rì sān cì yí cì liǎng piàn
医生:一日三次,一次两片。

Doctor: Take this medicine three times a day, two pills each time.

Bǐ dé Zhī dào le
彼得:知道了。

Peter: I got it.

Yī shēng Zhù yì duō hē shuǐ duō xiū xi
医生:注意多喝水,多休息。

Doctor: Remember to take plenty of water and rest.

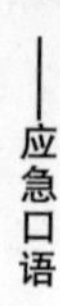

3. 外伤 Trauma /External injuries

Yī shēng　Nǐ zěn me le
医 生：你怎么了？
Doctor：What's the matter with you?

Bǐ dé　Wǒ jiǎo téng
彼得：我脚疼。
Peter：My foot hurts.

Yī shēng　Shì zěn me gǎo de
医 生：是怎么搞的？
Doctor：What's the reason?（What did you do?）

Bǐ dé　Wǒ shuāi le yì jiāo
彼得：我摔了一跤。
Peter：I fell over.

Yī shēng　Gěi wǒ kàn kan nǎr téng
医 生：给我看看，哪儿疼？
Doctor：Let me see. Where is the pain?

Bǐ dé　Zhè lǐ
彼得：这里。
Peter：Here.

Yī shēng　Zhè lǐ
医 生：这里？
Doctor：Here?

Bǐ dé　Āi yo
彼得：哎哟！
Peter：Ouch!

Yī shēng　Téng de lì hai ma
医 生：疼得厉害吗？
Doctor：Is it very painful?

Bǐ dé　Yí pèng jiù téng
彼得：一碰就疼。
Peter：It hurts when touching it.

Yī shēng　Pāi gè piān zi kàn kan ba
医 生：拍个片子看看吧。

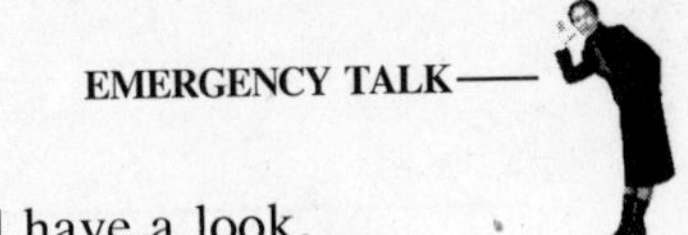

Doctor：Let's take an X-ray and have a look.

Guò le yí huìr yī shēng ná zhe piān zi kàn
(过了一会儿，医生拿着片子看。)
(A few minutes later, the doctor is looking at the X-ray)

Yī shēng Jiǎo gǔ gǔ zhé le xū yào dǎ shí gāo huò yòng jiā bǎn gù dìng
医生：脚骨骨折了，需要打石膏或用夹板固定。
Doctor：Your foot bone is fractured. You'll need to get a cast or fix it with a splint.

Bǐ dé Yòng jiā bǎn ba
彼得：用夹板吧。
Peter：Fix it with a splint.

Yī shēng Kě yǐ Lái wǒ bāng nǐ gù dìng hǎo
医生：可以。来，我帮你固定好。
Doctor：OK. Come on, let me fix it for you.

Bǐ dé Wǒ zhè kě zěn me zǒu lù wā
彼得：我这可怎么走路哇？
Peter：How can I walk then?

Yī shēng Jiè nǐ gè guǎi yòng ba
医生：借你个拐用吧。
Doctor：I'll lend you a walking stick.

Bǐ dé Tài hǎo le Xiè xie dài fu
彼得：太好了。谢谢，大夫。
Peter：That's good. Thank you, doctor.

Yī shēng Bú yòng xiè Zhè gè jiǎo kě bù néng yòng lì
医生：不用谢。这个脚可不能用力。
Doctor：You're welcome. You can't put too much strain on this foot.

Bǐ dé Zhī dào le
彼得：知道了。
Peter：I see.

对话 1

不舒服 bù shūfu / uncomfortable

头疼 tóuténg / headache

厉害 lìhai/ serious

今天 jīntiān / today

开始 kāishǐ / begin, start

发烧 fāshāo / have a fever

有点儿 yǒudiǎnr / a little, a bit

试表 shìbiǎo / take sb.'s temperature

度 dù / degree

嗓子 sǎngzi / throat, voice

张开 zhāng kāi / open

嘴 zuǐ/ mouth

衣服 yīfu / clothes

把……撩起来 bǎ…liāo qǐlái/ hold up…

吸气 xīqì / breathe in

深吸一口气 shēn xī yì kǒu qì / take a deep breath

肺 fèi / lungs

没事 méishì / nothing

只是 zhǐshì / just, only

感冒 gǎnmào / have a cold

需要 xūyào / need

打针 dǎzhēn / give or take an injection (shot)

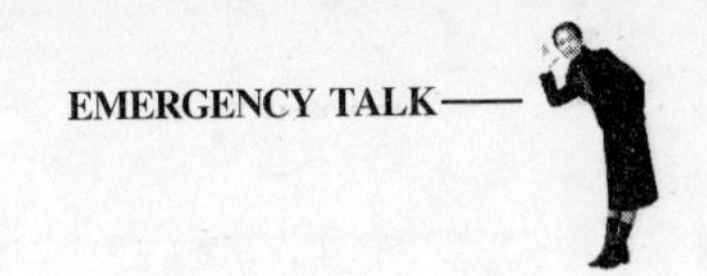

对话 2

肚子 dùzi / belly, stomach

拉稀 lāxī / have loose bowels, have diarrhea

躺 tǎng / lie

床上 chuáng shang / on a bed

疼 téng / pain

做 zuò / do, make

化验 huàyàn / test

先 xiān / first

验血 yàn xiě / blood test

再 zài / then, again

验大便 yàn dàbiàn / defecate (bowels) test

问题 wèntí / problem, question

消化不良 xiāohuà bù liáng / indigestion

处方 chǔfāng / prescription

取药 qǔ yào / get medicine, take medicine

药店 yàodiàn / pharmacy, drugstore

买药 mǎi yào / buy medicine

药 yào / medicine, pill

次 cì / time(s)

片 piàn / tablet(s)

注意 zhùyì / pay attention to

多 duō / more

喝水 hē shuǐ / drink water

休息 xiūxi / rest

对话 3

脚 jiǎo / foot

搞 gǎo / get，make

摔跤 shuāijiāo / fall down，fall over

一……就…… yī…jiù… / as soon as. . .

碰 pèng / touch

拍片子 pāi piānzi / take an x -ray

脚骨 jiǎogǔ / feet bones

骨折 gǔzhé / fracture

打石膏 dǎ shígāo / get a cast

夹板 jiābǎn / splint

固定 gùdìng / fix

走路 zǒulù / walk

借 jiè / borrow

拐（杖） guǎi（zhàng）/ walking stick

用力 yònglì / put forth one's strength，exert oneself physically

相关用语
Relevant Expressions

◉ 着凉 (zháoliáng)

catch a cold

◉ 咳嗽 (ké sòu)

cough

◉ 嗓子疼 (sǎng zi téng)

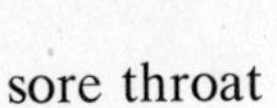

sore throat

yá téng
◉ 牙疼
toothache

zhù yuàn
◉ 住院
stay in hospital

yūn dǎo
◉ 晕倒
faint，collapse

xiū kè
◉ 休克
go into shock

zhōng shǔ
◉ 中暑
get heat stroke

tuō shuǐ
◉ 脱水
dehydrate

dà chū xiě
◉ 大出血
massive hemorrhage

xīn jiǎo tòng
◉ 心绞痛
angina

nǎo yì xuè
◉ 脑溢血

cerebral hemorrhage

xīn zāngbìng
◉ 心脏病
heart disease, heart failure, cardiopathy, cardio-vascular disease

lā dù zi
◉ 拉肚子
diarrhea

shí wù zhòng dú
◉ 食物中毒
have food poisoning

zhèr pò le
◉ 这儿破了。
It's broken. It's worn out. There is a cut here.

xū yào bāo zā
◉ 需要包扎
needs bandaging

bēng dài
◉ 绷带
bandage

chù lǐ shāngkǒu
◉ 处理伤口
treat the wound

xū yào féng zhēn
◉ 需要缝针
need stiches

zhǐ xiě
◉ 止血

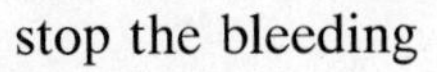

stop the bleeding

xū yào shū xuè
◉ 需要输血
need a blood transfusion

dǎ pò shāng fēng zhēn kuáng quǎn bìng yù fáng zhēn
◉ 打破伤风针（狂犬病预防针）
have a preventive injection (inoculation) for tetanus (tetracycline)

dǎ zhēn chī yào
◉ 打针吃药
have injections and take medicine

pāi guāng piàn
◉ 拍X光片
have/get an X-ray

zuò xīn diàn tú
◉ 做心电图
take a cardiogram

Ràng wǒ tīngting nǐ de xiōng bù
◉ 让我听听你的胸部。
Let me listen to your chest.

Nín xū yào zuò gè huà yàn
◉ 您需要做个化验。
You need to take a laboratory test.

Nín zuì hǎo dǎ sān tiān diǎn dī
◉ 您最好打三天点滴。
You'd better have an intravenous drip for three days.

Nǐ xū yào mǎ shàng zhì liáo
◉ 你需要马上治疗。

You need treatment right away.

Yán zhóng ma
◉ 严 重 吗?
Is it serious?

Nín xū yào shǒu shù zhì liáo
◉ 您需要手术治疗。
You need to have an operation.

Wǒ fēi děi yào shǒu shù zhì liáo ma
◉ 我非得要手术治疗吗?
Do I have to have an operation?

Nín yīng gāi lì kè zhù yuàn
◉ 您应该立刻住院。
You should stay in hospital right away.

Hái yǒu qí tā de bàn fǎ ma
◉ 还有其他的办法吗?
Are there any other ways?

Wǒ hé shí néng chū yuàn
◉ 我何时能出院?
When can I be discharged (from the hospital)?

Nǐ huì hěn kuài kāng fù de
◉ 你会很快康复的。
You'll recover soon.

语言文化小贴士
Language Tips

在中国如果你突然生病，你可以马上去医院，如果是行动不便，可以拨打急救中心的电话 120，他们会立

刻出车来到你的所在地。如果是晚上或夜里生病，可以去医院看急诊。急诊是 24 小时服务的。如果是外伤，出事后不要惊慌，必须赶快采取急救措施，包扎伤口。如果失血过多，可能就会没命，另外就是叫救护车。如果你有什么疾病史，请立即告诉救护你的人或医生，当然最好把你的血型也告诉他们，以便采取抢救。

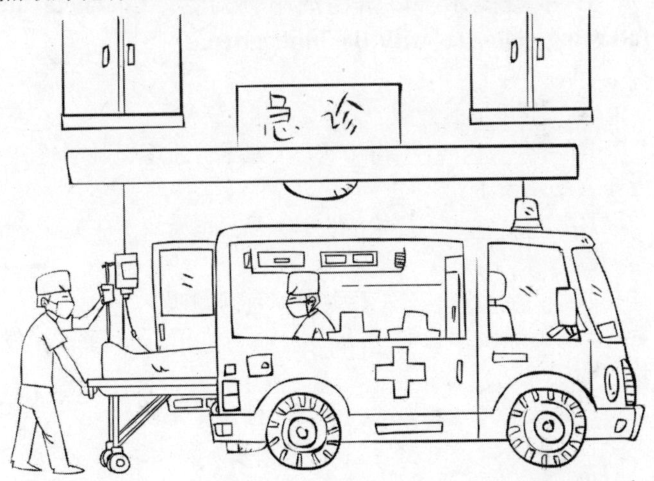

In China, if you fall ill suddenly, you should go to the hospital immediately. If you are unable to walk, you can dial 120, an emergency center number, and they will come to your place at once. If you get sick in the evening or late at night, you can go to the emergency room of a hospital. It has 24 - hour service. If you have external injuries, don't panic after the accident. You must adopt emergency measures and bandage up the wound while calling an ambulance. If one loses too much blood ine can be fatal. If you have a history of diseases, please tell the person or doctor who is giving you first aid. Of course, you should also

tell them your blood type at the same time in order for them to take emergency actions.

练　习
Exercises

1. 根据提示，口语完成下列对话。Complete the following dialogues with the hints given.

1)

A：你哪儿不舒服？

B：我__________得厉害。(头疼、牙疼、肚子疼)

A：几天了？

B：__________开始的。(今天、昨天、下午)

2)

A：__________？(怎么样、有问题吗)

B：肺部没事。你只是__________了。(感冒、发烧、着凉)

A：我需要__________吗？(打针、住院)

B：不需要。

3)

A：我__________疼。(脚、腿、手、胳膊)

B：是怎么搞的？

A：我______________。(摔了一跤、撞了一下、崴了一下)

B：给我看看，哪儿疼？

A：__________。(这里、那里、这儿、那儿)

财物被盗、抢
Unit 10 Theft and Robbery

必备用语 Key Expressions

Zhàn zhù
◉ 站 住!
stop

zhuā xiǎo tōu
◉ 抓 小 偷
catch the thief

zhuā huài dàn
◉ 抓 坏 蛋
catch the bad egg

Yǒu rén dǎ jié le
◉ 有 人 打 劫 了。
Someone's (I've) been robbed!

Lái rén na
◉ 来 人 哪。
Help.

Yǒu rén qiǎng bāo
◉ 有 人 抢 包。
Someone's robbed me of my bag!

Zhuā zhù tā
◉ 抓住他。
Catch him!

Bié ràng nà jiā huo pǎo le
◉ 别让那家伙跑了。
Don't let that guy run away!

Wǒ de qián bāo bèi tōu le
◉ 我的钱包被偷了。
My purse has been stolen.

Wǒ de bāo bèi qiǎng le
◉ 我的包被抢了。
I have been robbed of my bag.

Wǒ de shǒu jī bèi qiǎng le
◉ 我的手机被抢了。
I have been robbed of my cell phone.

Jiào jǐng chá
◉ 叫警察。
Call the police.

Gǎn kuài bào jǐng
◉ 赶快报警。
Call the police quickly.

Dǎ yāo yāo líng
◉ 打 110。
Dial 110.

Tā pǎo le
◉ 他跑了。
He ran away.

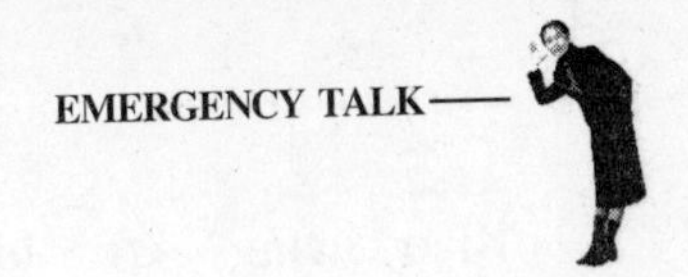

情景对话 Situational Dialogues

1. 财物被盗 Property being stolen

(Buying things at a store)

Bǐ dé Wǒ de qián bāo ne
彼得：我的钱包呢？

Peter: Where is my wallet?

Xiǎo guāng Huài le qián bāo bèi tōu le
小光：坏了，钱包被偷了？

Xiao Guang: Alas, has your wallet been stolen?

Bǐ dé Huí xiǎng qǐ lái yí dìng shì gāng cái nà gè jiā huo
彼得：(回想起来)一定是刚才那个家伙。

Peter: (remembering) It must be that guy just now.

Xiǎo guāng Cháng de shén me yàng
小光：长得什么样？

Xiao Guang: What did he look like?

Bǐ dé Nán de èrshí duō suì píng tóu chuān zhe huī sè jiā kè shān
彼得：男的，20多岁，平头，穿着灰色夹克衫。

Peter: A man, over 20 years old, cropped hair, and wearing a grey jacket.

Xiǎo Guāng Nà gǎn jǐn zhǎo zhao
小光：那赶紧找找。

Xiao Guang: Then let's look for him quickly.

Bǐ dé Wǒ kàn jiàn le tā zài nàr
彼得：我看见了，他在那儿。

Peter: I saw him. He is over there.

Xiǎo guāng Zhuī
小光：追。

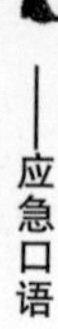

Xiao Guang: After him.

Bǐ dé Zhuā xiǎo tōu nà gè píng tóu de jiā huo
彼得：抓小偷，那个平头的家伙。
Peter: Catch that thief, the guy with cropped hair.

Xiǎo Guāng Zhàn zhù zhuā zhù tā bié ràng tā pǎo le
小光：站住，抓住他，别让他跑了。
Xiao Guang: Stop! Catch him. Don't let him get away.

2. 财物被抢 Property being robbed

(On a street)

Zhēn nī Hēi wǒ de bāo
珍妮：嘿，我的包。
Jane: Hey, my bag.

(A thief snatched the bag and ran.)

Zhēn nī Dǎ jié le Kuài lái rén na
珍妮：打劫了。快来人哪！
Jane: Robbery! Help!

Lù rén Chū shén me shì le
路人：出什么事了？
Passerby: What happened?

Zhēn nī Yǒu rén qiǎng le wǒ de bāo
珍妮：有人抢了我的包。
Jane: Someone robbed me of my bag.

Lù rén Zài nǎr
路人：在哪儿？
Passerby: Where?

Zhēn nī Xiàng nàr pǎo le
珍妮：向那儿跑了。
Jane: He ran in that direction.

Lù rén Bié dòng wǒ qù zhuī
路人：别动，我去追。

Passerby：Don't move. I'll go after him.

(The crowds say)

Qún zhòng Gǎn kuài bào jǐng
群众1：赶快报警。

Stranger 1：Call the police quickly.

Qún zhòng Jiào jǐng chá Dǎ yāo yāo líng
群众2：叫警察。打 110 。

Stranger 2：Call the police. Dial 110.

Zhēn nī Kě wǒ de shǒu jī zài bāo li ne
珍妮：可我的手机在包里呢！

Jane：But my cell phone is in the bag.

Qún zhòng Yòng wǒ de
群众1：用我的。

Stranger 1：Use mine.

Zhēn nī Wèi jǐng chá wǒ de bāo bèi qiǎng le
珍妮：喂，警察，我的包被抢了。

Jane：Hello, police, my bag was robbed.

Jǐng chá Zài nǎr
警察：在哪儿？

Police：Where?

Zhēn nī Zài Wáng fǔ jǐng Xiǎo chī jiē shang
珍妮：在王府井小吃街上。

Jane：On Wangfujing Snack Street.

Jǐng chá Wǒ men mǎ shàng dào
警察：我们马上到。

Police：We'll be there at once.

Zhēn nī Bǎ shǒu jī huán gěi qún zhòng xiè xie
珍妮：（把手机还给群众1）谢谢！

Jane：(returning the phone to Stranger1) Thank you.

(Soon the police arrived.)

Jǐngchá Shéi de bāo bèi qiǎng le
警察：谁的包被抢了？

Police: Whose bag was robbed?

Zhēn nī　Wǒ de
珍妮：我的。

Jane: Mine.

Jǐngchá　Shén me yàng zi de bāo
警察：什么样子的包？

Police: What kind of bag?

Zhēn nī　Hóng sè de
珍妮：红色的。

Jane: Red.

Jǐngchá　Lǐ miàn yǒu shén me
警察：里面有什么？

Police: What's inside?

Zhēn nī　Qiánbāo hù zhào hái yǒu shǒu jī
珍妮：钱包、护照，还有手机。

Jane: Purse, passport, and cell phone.

(The passerby who chased the robber returned.)

Lù rén　Rén méi zhuī shàng què kàn jiàn le zhè gè bāo
路人：人没追上，却看见了这个包。

Passerby: I didn't catch up with him. But I saw this bag.

Jǐngchá　Shì nǐ de bāo ma
警察：是你的包吗？

Police: Is it your bag?

Zhēn nī　Shì
珍妮：是。

Jane: Yes.

Jǐngchá　Kàn kan diū le shén me
警察：看看丢了什么？

Police: See what is lost?

Zhēn nī　Dǎ kāi bāo　qiánbāo hé shǒu jī dōu méi le　Shàng dì bǎo
珍妮：（打开包）钱包和手机都没了。上帝保

yòu hù zhào hái zài
佑护照还在。

Jane：(opening the bag) My purse and cell phone are gone. Thank God, the passport is still here.

Jǐngchá Hāi pò cái miǎn zāi ba Chūmén guàng jiē shí zuì hǎo bǎ bāo bēi zài shēnshang
警察：咳，破财免灾吧。出门 逛 街时，最好把包背在 身 上。

Police：Well, an unexpected loss of money might be a fortune in disguise. When you are taking a stroll in the streets, it' s better to carry the bag on your shoulders.

Zhēn nī Xiè xie jǐngchá Yě xiè xie nǐ xiǎo huǒ zi
珍妮：谢谢警察！也谢谢你，小 伙子。

Jane：Thank you, Sir. And thank you, too, young fellow.

Lù rén Méi shén me yīng gāi de Kě xī méi yǒu zhuā zhù nà jiā huo ràng tā pǎo le
路人：没 什么，应该的。可惜没有抓住那家伙，让他跑了。

Passerby：It's nothing. My pleasure. It's a pity I didn' t catch the guy.

Zhēn nī Bù guǎn zěn yàng wǒ hái shì yào gǎn xiè nǐ
珍妮：不管 怎 样，我 还 是 要感谢你。

Jane：Anyway, thank you just the same.

词汇 Vocabulary

对话 1

钱包 qiánbāo/purse, wallet

被偷 bèi tōu /be stolen

一定 yídìng/must

刚才 gāngcái /just now
家伙 jiāhuo /guy
长相 zhǎngxiāng/look, appearance
男的 nán de/male
岁 suì/age
平头 píngtóu /cropped hair
穿 chuān /wear
灰色 huīsè/gray
夹克衫 jiākèshān/jacket
赶紧 gǎnjǐn/lose no time; hasten
看见 kànjiàn /see
追 zhuī/chase
抓 zhuā/catch
小偷 xiǎotōu/thief
站住 zhànzhù/stop
让 ràng/let
跑 pǎo/run

对话 2

包 bāo/bag
打劫 dǎjié/rob
来人 lái rén/help
向 xiàng/to
别动 bié dòng/don't move
报警 bàojǐng /call the police
叫 jiào/call
警察 jǐngchá/police
打 dǎ/call

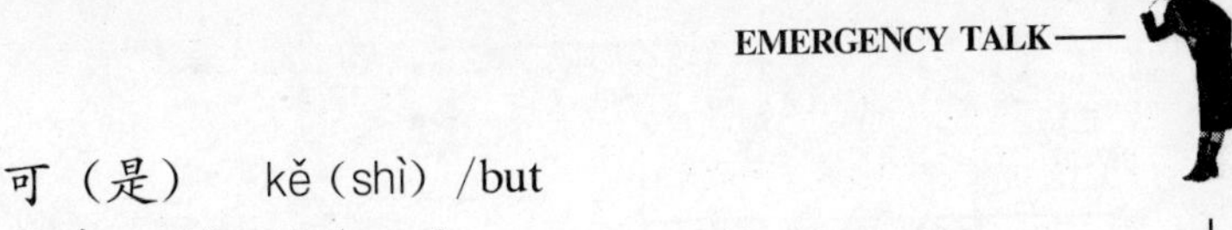

可（是） kě（shì）/but

小吃 xiǎochī /snack

街 jiē/street

马上 mǎshàng /at once

样子 yàngzi /look；appearance

红色的 hóngsède /red

里面 lǐmiàn /inside

护照 hùzhào /passport

追上 zhuīshàng /chase up，catch up with

丢 diū /lose

上帝保佑 shàngdì bǎoyòu/God bless

破财免灾 pòcái miǎnzāi/an unexpected loss of money might be a fortune in disguise

出门 chūmén/go out

逛街 guàngjiē/roam（wander along）the streets；take a stroll in the streets

最好 zuìhǎo /had better

背 bēi /carry on the back

身上 shēnshang /body

小伙子 xiǎohuǒzi/chap，young boy

应该的 yīnggāide /should，ought to

可惜 kěxī /pity

抓住 zhuāzhù /catch

家伙 jiāhuo /fellow，guy

不管怎样 bùguǎnzěnyàng /no matter what

还是 háishi/nevertheless，still

感谢 gǎnxiè /thank

相关用语
Relevant Expressions

Fā shēng le shén me shì
◉ 发生了什么事？
What happened?

mó yàng
◉ 模样
appearance，look

Duō dà suì shù
◉ 多大岁数？
How old does he/she look?

Chuān shén me yī fu
◉ 穿 什么衣服？
What clothes did he or she wear?

Duō gāo gè zi
◉ 多高个子？
How tall is he/she?

Wǒ méi kàn qīng
◉ 我没看清。
I didn' t see clearly.

Bú jì de le
◉ 不记得了。
I can' t remember.

Fēi cháng gǎn xiè
◉ 非常感谢。
Thanks a lot.

语言文化小贴士
Language Tips

出门旅行或逛街时，注意保管好你的个人财物。包最好斜挎在身上，将包放在胸前。钱包里不要放太多大钞票，因为付款时，别人会发现你钱包里的钱，这样就会让人起歹意。在银行取完现金后，注意有无人跟踪。取大笔现金时，最好有人陪同，或出门迅速打车离开。

银行
放心吧，
有我呢！
好多现金
不会有问
题吧...

When traveling or strolling on the streets, pay attention to your personal belongings. It's better to carry your bag slanting on the shoulder, and have it in front of you. Don't put too much cash or banknotes in your purse because others may see them in your

purse when you' re paying, and it may cause them to harbor evil intentions. After withdrawing cash in a bank, be aware whether someone is following you. When withdrawing a large sum of money, it would be better to have someone accompany you, or take a taxi and leave quickly.

练习 Exercises

1. 看图说话。Look at the picture and talk about it.

1）包被抢。

2）手机被偷

3）跟警察描述人的长相，包的样子

2. 根据英文，说出正确的中文意思。Express in Chinese, the meaning of the English words/phrases listed below.

1）be stolen

2）just now

3）male

4）short hair

5）wear

6) be robbed
7) police
8) look
9) red
10) seize, catch

3. 搭配练习。Matching exercises.

A1 手机	B1 颜色
A2 长什么	B2 小偷
A3 什么	B3 警察
A4 抓	B4 被偷
A5 叫	B5 样子

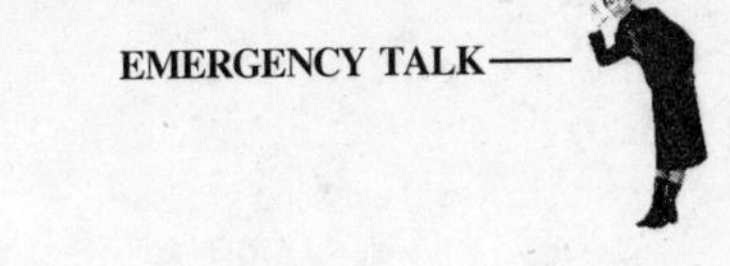

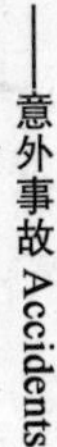

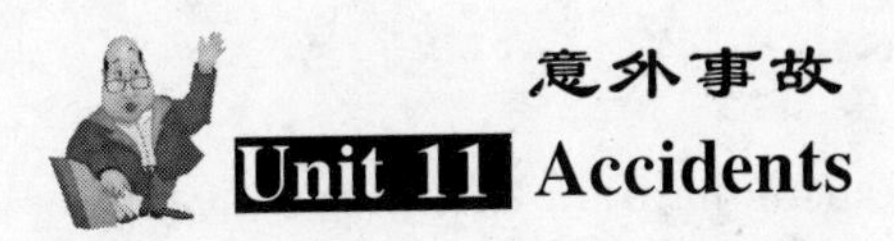

意外事故
Unit 11 Accidents

必备用语
Key Expressions

Chū chē huò le
◉ 出车祸了。
There is a traffic accident; There is a car crash.

Yǒu rén shòu shāng le
◉ 有人受伤了。
Someone is injured.

Kuài jiào jiù hù chē
◉ 快叫救护车。
Call an ambulance immediately.

Dǎ yāo èr líng
◉ 打 120 。
Dial 120.

Yǒu rén xū yào qiǎng jiù
◉ 有人需要抢救。
Someone needs first aid.

Tā shēn shang liú le hǎo duō xiě
◉ 他身上流了好多血。
He's bleeding profusely.

Gǎn kuài sòng yī yuàn
◉ 赶快送医院。
Send to the hospital quickly.

Xià dà bào yǔ le
◉ 下大暴雨了。
It's pouring hard. / It's raining heavily.

Xià bīngbáo le
◉ 下冰雹了。
It's hailing.

Fēng zhēn dà
◉ 风真大!
What a strong wind!

Shù dǎo le
◉ 树倒了。
Trees are falling down.

Fā dà shuǐ le
◉ 发大水了。
It's flooding.

Qiánmiàn de lù duàn le
◉ 前面的路断了。
The road in front is blocked (cut off).

情景对话
Situational Dialogues

1. 遇见车祸 Witnessing a traffic accident

(On the road)

Pēng pēng
嘭……砰……

Boom…bang…

Bǐ dé　Āi ya　Chū chē huò le
彼得：哎呀！出车祸了。
Peter：My God，there is a traffic accident.（There is a car crash.）

Xiǎoguāng　Shì a　Liǎng chē xiāng zhuàng le
小光：是啊！两车相撞了。
Xiaoguang：Yes. Two cars crashed into each other.

Bǐ dé　Kàn　yǒu rén shòu shāng le
彼得：看，有人受伤了。
Peter：Look，someone is injured.

XiǎoGuāng　Kuài jiào jiù hù chē　Dǎ yāoèrlíng
小光：快叫救护车。打120。
Xiaoguang：Call an ambulance immediately.

Bǐ dé　Wèi　kuài lái jiù rén　Zhèr　chū chē huò le
彼得：喂，快来救人。这儿出车祸了。
Peter：Hello，come over quickly. There is a traffic accident.

Xiǎoguāng　Kuài dào Wàng jīng dōng lù　lù kǒu lái　yǒu rén xū yào qiǎng jiù
小光：快到望京东路路口来，有人需要抢救。
Xiaoguang：Come to the crossing of Wangjing East Road at once. Someone needs first aid.

（Soon an ambulance arrives.）

Jiù hù yuán　Shāng zhě zài nǎr
救护员：伤者在哪儿？
Rescuer：Where is the injured person?

Xiǎoguāng　Zài qián miàn nà liǎng liàng chē li
小光：在前面那两辆车里。
Xiaoguang：In those two cars in front.

Bǐ dé　Tā zài liú xuè　Tā shēn shang yě liú le hǎo duō xiě
彼得：她在流血。他身上也流了好多血。

Peter：She is bleeding. He is covered in a lot of blood, too.

XiǎoGuāng Kàn lái shāng de bù qīng a
小光：看来伤得不轻啊！

Xiaoguang：It looks very serious.

Bǐ dé Tā men néng qiǎng jiù guò lái ma
彼得：他们能抢救过来吗？

Peter：Can they make it?

XiǎoGuāng Gòu qiàng Rú guǒ shī xiě guò duō jiù méi mìng le
小光：够呛！如果失血过多，就没命了。

Xiaoguang：It' s hard to say.（The chances are slim.）If they lose too much blood，they may be fatal.

Bǐ dé Tā men dōu xiū kè le Zhēn cǎn ya Kàn lái kāi chē hái děi duō jiā xiǎo xīn
彼得：他们都休克了。真惨呀！看来开车还得多加小心。

Peter：They went into shock. How terrible! We should really drive more carefully.

Xiǎoguāng Kě bú shì ma
小光：可不是吗！

Xiaoguang：You can say that again.

2. 大暴雨 Heavy rain

XiǎoGuāng Zhè yǔ kě zhēn dà ya Qiáo zhè yǔ diǎnr
小光：这雨可真大呀！瞧这雨点儿。

Xiaoguang：What a heavy rain! Look at the raindrops.

Bǐ dé Shì gòu dà de Hēi hái yǒu bīng báo na
彼得：是够大的。嘿，还有冰雹哪！

Peter：Yes，pretty big. Hey，there are hailstones.

Xiǎoguāng Wā xià dà bào yǔ le
小光：哇，下大暴雨了。

Xiaoguang：Wow，it's pouring hard.

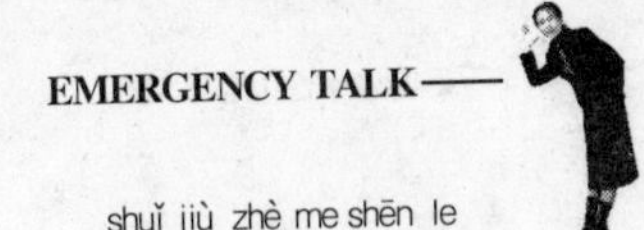

Bǐ dé　Méi cuò　Nǐ kàn　zhè me yí huìr　shuǐ jiù zhè me shēn le
彼得：没错。你看，这么一会儿，水就这么深了。
Peter：Right. Look, the water is this deep now in such a short time.

Xiǎoguāng　Qiáo　yǒu chē xī huǒ le
小光：瞧，有车熄火了。
Xiaoguang：Look, a car has flamed out.

Bǐ dé　Wèn duì miànguò lái chē de sī jī　qián miàn zěn me le
彼得：（问对面过来车的司机）前面怎么了？
Peter：(asking a driver coming in the opposite direction) What happened up ahead?

Sī jī　Dà yǔ bǎ lù miàn chōng tā le
司机：大雨把路面冲塌了。
Driver：The rain has caused the road surface to collapse.

Bǐ dé　Zhè xià kě zāo le　Lù yí duàn　chē jiù gèng bié zǒu le
彼得：这下可糟了。路一断，车就更别走了。
Peter：That's too bad. If the road is cut off, cars won't be able to go then.

Xiǎoguāng　Shì a　zhǐ néng zài zhèr pàotāng le
小光：是啊，只能在这儿泡汤了。
Xiaoguang：That's right. We are all stalled here.

词汇 Vocabulary

对话 1

车祸　chēhuò/traffic accident

车　chē/car

相撞　xiāngzhuàng/crash, collide, bump into each other

有人　yǒu rén/someone
受伤　shòushāng /be wounded
救护车　jiùhùchē/ambulance
救人　jiùrén/rescue a man
东路　dōnglù/east road
路口　lùkǒu/crossing，intersection
抢救　qiǎngjiù/rescue，save
伤者　shāngzhě /the wounded，the injured person
前面　qiánmiàn /front
流血　liúxuè/bleed
血　xuè /blood
看来　kànlái/it looks as if，appears
伤　shāng /wound，injury
轻　qīng/light
如果　rúguǒ /if
失血　shīxuè/lose blood
过多　guò duō/too much
命　mìng/life
难保　nánbǎo /be hard to save
休克　xiūkè/shock
真惨　zhēn cǎn /how miserable，too tragic
开车　kāichē/drive
多加小心　duō jiā xiǎoxīn /be more careful

对话 2

雨　yǔ /rain
下（雨）　xià（yǔ）/rain

够　gòu /enough；very

大　dà /big

雨点儿　yǔdiǎnr/raindrop

冰雹　bīngbáo /hailstone

大暴雨　dà bàoyǔ /rainstorm；heavy rain

这么　zhème/so；this；such

一会儿　yíhuìr /a moment

水　shuǐ /water

深　shēn /deep

熄火　xīhuǒ /flameout；extinguish；died

路面　lùmiàn /road surface

冲塌　chōng tā/（by floodwater）cause to collapse

糟了　zāo le /too bad

路断　lù duàn /road is cut off；road is blocked

别走　bié zǒu /unable to go；don' t go

只能　zhǐnéng/can only；can but

泡汤　pàotāng /stall；come to nothing

相关用语 Relevant Expressions

◉ 台风 (tái fēng)

typhoon

◉ 地震 (dì zhèn)

earthquake

fáng tā

◉ 房塌

house collapse

shān tǐ huá pō

◉ 山体滑坡

landslide

lóng juǎn fēng

◉ 龙卷风

tornado

shuǐ zāi

◉ 水灾

flood

huǒ zāi

◉ 火灾

fire

bào fēng xuě

◉ 暴风雪

snowstorm

hǎi xiào

◉ 海啸

tsunami

xuě bēng

◉ 雪崩

snow slide，snow avalanche

kuáng fēng bào yǔ

◉ 狂风暴雨

violent storm

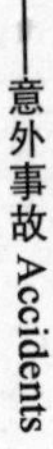

dì dòng shān yáo
◉ 地动山摇
earthquake

tiān zāi rén huò
◉ 天灾人祸
natural and man - made disaster

Wā hǎo xuán a
◉ 哇，好悬啊！
Wow, it's close.

Chà diǎnr zhuàng shàng
◉ 差点儿撞上。
It's a close encounter.

Kuài pǎo
◉ 快跑！
Run quickly.

Hǎo dà de fēng a
◉ 好大的风啊！
What a strong wind!

语言文化小贴士
Language Tips

“有困难找警察”这句话在中国人人皆知，无论你遇到什么困难都可以找警察帮助，除了火灾和急救以外。所以，在中国只要记住 110 电话，就 OK。当然，遇到火灾，最好打 119，遇到急救病人，最好打 120，这样能更节约时间，使火情得到控制，使病人得到及时的抢救。

“Yǒu kùnnan zhǎo jǐngchá”（Look for the police

if you encounter difficulties) is a phrase all Chinese people know. You can always seek for help from the police whenever you run into any trouble besides that of fire and medical aid emergencies. So all you need to remember is the emergency number 110. However, it would be better to dial 119 when there is a fire and 120 when there is a patient needing emergency treatment. In this way you can save more time to control the fire or rescue the sick/injured in good time.

练　习
Exercises

1. 用所给的词语，进行会话。Make dialogues with the words given.

1）车祸

撞车、电话、受伤、流血、救护车

2）发水

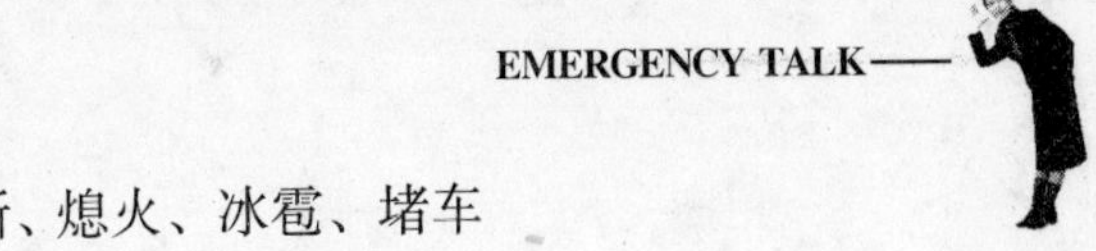

暴雨、路断、熄火、冰雹、堵车

3）台风

树倒、房塌、暴雨、受伤、救人

2. 根据英文，说出正确的中文意思。Say the right Chinese meaning accordings to the English words/phrases given.

1）car accident

2）bump into，crash

3）be wounded

4）rescue the wounded

5）lose life

6）rain

7）hailstone

8）water is deep

9）（car）flameout

10）road surface has collapsed

3. 请选择适当的词语填空。Choose the right words/phrases to fill the blanks.

叫　下　出　抢救　如果……就　把　只能　更

1）__________车祸了。

2）快__________救护车。

3）他们能__________过来吗?

4）__________失血过多，__________没命了。

5）__________大暴雨了。

6）大雨__________路面冲塌了。

7）路一断，车就__________别走了。

8）是啊，__________在这儿泡汤了。

答案 Answers：

2.

1）车祸

2）相撞
3）受伤
4）抢救伤者
5）没命
6）下（雨）
7）冰雹
8）水深
9）（车）熄火
10）路面被冲塌
3.
1）出
2）叫
3）抢救
4）如果……就
5）下
6）把
7）更
8）只能

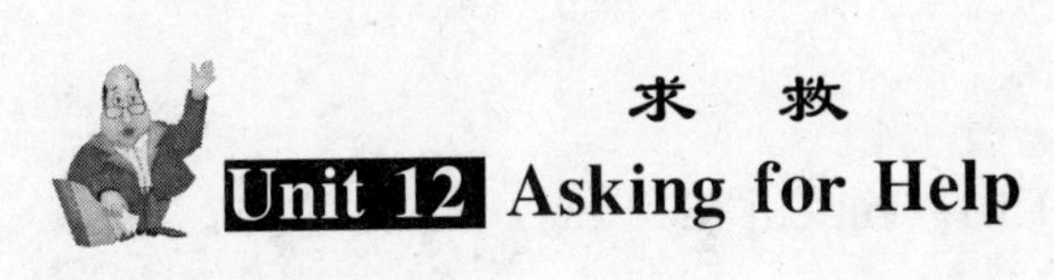

求 救
Unit 12 Asking for Help

必备用语 Key Expressions

Jiù mìng
◉ 救命！
Help!

Yǒu rén ma
◉ 有人吗？
Is anyone there?（Anyone there?）

Lái rén na
◉ 来人哪！
Help!

Jiù rén na
◉ 救人哪！
Help!

Wǒ zài zhèr
◉ 我在这儿。
I'm here.

Bāng wǒ jiào liàng jiù hù chē hǎo ma
◉ 帮我叫 辆救护车，好吗？
Help me call an ambulance, will you?

Zháohuǒ le
◉ 着火了！
Fire!

Kuài jiù huǒ
◉ 快救火！
Quick! Put out the fire!

Kuài jiào jiù huǒ chē
◉ 快叫救火车！
Call a fire engine immediately.

Shī fu bāng yí xià máng
◉ 师傅，帮一下忙。
Sir, can you help me?

Wǒ xū yào bāng zhù
◉ 我需要帮助。
I need help.

Wǒ jiā zháo huǒ le
◉ 我家着火了。
My home is on fire.

Wǒ de chē huài le
◉ 我的车坏了。
My car is broken.

Wǒ mí lù le
◉ 我迷路了。
I'm lost.

Wǒ kě
◉ 我渴。
I'm thirsty.

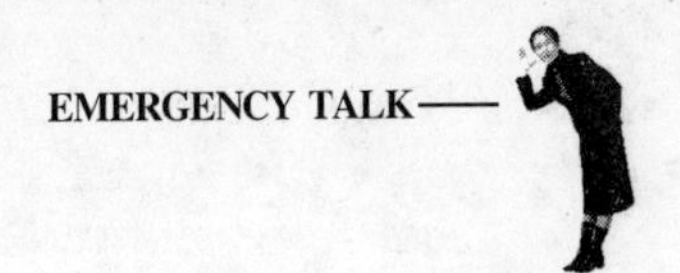

Wǒ è
◉ 我饿。
I'm hungry.

Jiù jiu wǒ
◉ 救救我。
Help me.

情景对话 Situational Dialogues

1. 意外事故 An accident

Bǐ dé　Āi yo　Āi yo
彼得：哎哟！哎哟！
Jiù mìng　Jiù mìng
救命！救命！
Yǒu rén ma　Lái rén na　Wǒ diào jǐng li le
有人吗？来人哪！我掉井里了。

Peter: Hey, Hey!
Help! Help!
Is anyone there? Help! I' m in the well.

Lù rén　Zài nǎr
路人：在哪儿？
Passerby: Where are you?

Bǐ dé　Wǒ zài zhèr　Wǒ zài zhèr　Jiù mìng ya
彼得：我在这儿。我在这儿。救命呀！
Peter: I'm here. I'm here. Help!

Lù rén　Lái le　Lái le
路人：来了。来了。
Passerby: I'm coming. I'm coming.

Bǐ dé　Qǐng lā wǒ shàng qù
彼得：请拉我上去。
Peter: Please pull me up.

Lù rén　Nǐ de tuǐ liú xuè le　Yòng shén me dōng xi bāo zā yí xià xiān zhǐ xiě

路人：你的腿流血了。用什么东西包扎一下，先止血。

Passerby：Your leg is bleeding. It would be better to bandage it up and stop the bleeding first.

Bǐ dé　Yòng zhè gè shǒu juàn ba

彼得：用这个手绢吧。

Peter：I'll use this handkerchief.

Lù rén　Xíng

路人：行。

Passerby：OK.

Bǐ dé　Bāng wǒ jiào liàng jiù hù chē　hǎo ma

彼得：帮我叫辆救护车，好吗？

Peter：Help me call an ambulance，will you?

Lù rén　Méi wèn tí

路人：没问题。

Passerby：No problem.

（Making a phone call.）

Lù rén　Hǎo le　jiù hù chē mǎ shàng jiù dào

路人：好了，救护车马上就到。

Passerby：OK，the ambulance will get here soon.

Bǐ dé　Xiè xie nǐ

彼得：谢谢你！

Peter：Thank you.

2. 火灾

Yì nǚ zǐ　Bù hǎo le　zháo huǒ le

一女子：不好了，着火了！

A woman：Oh，no. There's a fire!

Bǐ dé　Āi ya　Nàr zháo huǒ le

彼得：哎呀！那儿着火了！

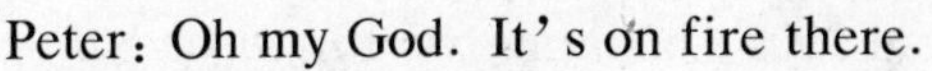

Peter：Oh my God. It’s on fire there.

Yì nǚ zǐ　Jiù mìng　Lái rén na　Zhèr　zháo huǒ le　Kuài lái jiù huǒ ya

一女子：救命！来人哪！这儿着火了！快来救火呀！

Woman：Help! Help! It’s on fire here. Come to put out the fire quickly.

Xiǎoguāng　Kuài jiào jiù huǒ chē　dǎ huǒ jǐng diàn huà yāo yāo jiǔ

小光：快叫救火车，打火警电话 119 。

Xiaoguang：Call for a fire engine at once. Dial the fire department，119.

Bǐ dé　Kuài yòng miè huǒ qì

彼得：快用灭火器！

Peter：Use a fire extinguisher at once.

Yì nǚ zǐ　Méi yǒu miè huǒ qì

一女子：没有灭火器。

Woman：There is no fire extinguisher.

Xiǎoguāng　Wèi　xiāo fáng duì ma　Zhèr　yǒu yì jiā zháo dà huǒ le

小光：喂，消防队吗？这儿有一家着大火了。

Xiaoguang：Hello，is this the fire brigade? A fire has started in one of the house here.

Xiāofángyuán　Nǎr　zhuó le

消防员：哪儿着了？

Fire fighter：Where is the fire?

Xiǎoguāng　Chúfáng

小光：厨房。

Xiaoguang：In the kitchen

Xiāofángyuán　Zhī dào le　Dì zhǐ

消防员：知道了。地址？

Fire fighter：Got it. The address?

Xiǎoguāng　Cháoyángmén Hū jiā lóu èr qū shísān lóu yāoyāolíngjiǔ shì

小光：朝阳门呼家楼二区 13 楼 1109 室。

Xiaoguang: Room 1109, building No. 13, second zone of Hujialou, Chaoyangmen District.

Xiāofángyuán Wǒ men mǎ shàng jiù dào
消防员：我们马上就到。

Fire fighter: We'll be there right away.

Bǐ dé Gǎn kuài guān shàng chú fáng mén lí kāi fáng jiān
彼得：赶快关上厨房门，离开房间。

Peter: Close the kitchen door quickly, and leave the room.

Xiǎoguāng Jiù huǒ chē mǎ shàng jiù dào
小光：救火车马上就到。

Xiaoguang: The fire engine will be here soon.

Bǐ dé Kuài zǒu lóu tī bú yào zuò diàn tī
彼得：快走楼梯，不要坐电梯。

Peter: Hurry up, take the stairs. Don't take the elevator.

词汇 Vocabulary

对话 1

救命 jiùmìng /help

掉 diào /fall

井里 jǐng li /in a well

拉……上去 lā…shàngqù /pull...up

腿 tuǐ /leg

东西 dōngxi /thing, stuff

包扎 bāozā /bandage up

止血 zhǐ xiě /stop the bleeding

手绢 shǒujuàn /handkerchief

救护车　jiùhùchē /ambulance

对话 2

着火　zháohuǒ /be on fire，catch fire

救火车　jiùhuǒchē /fire engine

火警电话　huǒjǐng diànhuà /fire department numher

灭火器　mièhuǒqì /fire extinguisher

消防队　xiāofángduì /fire brigade

一家　yì jiā /one home（house，family）

厨房　chúfáng /kitchen

地址　dìzhǐ /address

区　qū /district

楼　lóu /building

室　shì /room

关上　guānshàng /close

门　mén /door

离开　líkāi /leave

房间　fángjiān /room

楼梯　lóu tī /stair

坐电梯　zuò diàntī /take an elevator（lift）

相关用语 Relevant Expressions

Jí jiù zhōng xīn de diàn huà shì duō shao
◉ 急救中心的电话是多少？
What's the phone number of the emergency center?

Bō dǎ jí jiù zhōng xīn diàn huà yāo èr líng
◉ 拨打急救中心电话 120 。
Dial 120, the phone number of the emergency center.

Zhè lǐ xū yào bāng zhù
◉ 这里需要帮助。
We need help here.

Yǒu rén zǒu shī le
◉ 有人走失了。
Someone went astray.

Yǒu shuǐ ma
◉ 有水吗?
Is there any water?

Yǒu chī de ma
◉ 有吃的吗?
Is there any food?

Qì chē pāo máo le
◉ 汽车抛锚了。
The car has broken down.

Qì chē méi yóu le
◉ 汽车没油了。
The car is out of petrol (gas).

Chē tāi bào le
◉ 车胎爆了。
The tyre has worn out. (The car has got a flat tyre.)

Bào tāi
◉ 爆胎
worn out tyre

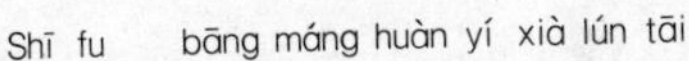

Shī fu bāng máng huàn yí xià lún tāi
◉ 师傅，帮 忙 换一下轮胎。
Sir, could you please help me change a tyre.

Jiào liàng tuō chē lái
◉ 叫 辆 拖 车 来。
Call a tow truck here.

zǒu lóu tī
◉ 走楼梯
take the stairs

Huǒ zāi fā shēng shí qiān wàn bú yào chéng diàn tī
◉ 火灾发生时千万不要乘电梯！
Never take the elevator when there is a fire!

guān huǒ shì
◉ 观 火 势
watch the smoke

Wǔ zhù zuǐ yòng shī máo jīn zuò guò lǜ qì
◉ 捂住嘴，用湿毛巾作过滤器
cover your mouth and use a wet cloth as a filter

语言文化小贴士 Language Tips

野外遇险求救方式：

1. 打电话

如果你有手机，赶快拨打 110，同时通知你的朋友，告诉他/她你的位置和身体情况。

2. 找人帮助

如果你能行走，找最近的一户人家求救。

3. 生火

如果你身上有火柴或打火机，在空旷的地方点燃一堆柴草，这样火光和烟就能给附近的人们报警。但是注意，千万不能引火烧身。

Ways of asking for help when in danger:

1. Make phone calls for help

If you have a cell phone, dial 110 quickly. And call your friends at the same time and tell him or her your present location and health conditions.

2. Look for someone to help

If you can walk, look for a family closest to you for help.

3. Set up a fire

If you have a box of matches or a lighter with you, light up a pile of brushwood in an empty place, so that the firelight (flame) and smoke will give an alarm to people around. But be aware not to set yourself on fire.

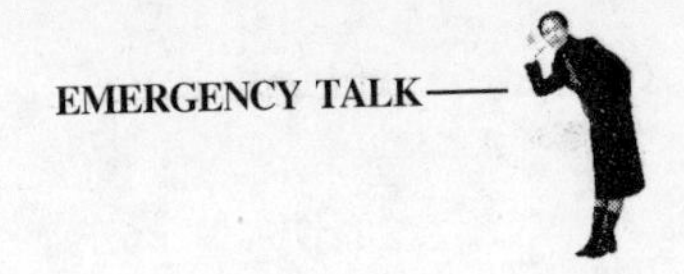

练　习
Exercises

1. 看图说话。Look at the pictures and describe.

1）一个人骑车摔到路旁的沟里，或掉井里

2）居民楼着火

2. 词语练习。请用“快”组成 5 个词组或句子。Please construct five phrases or sentences with “快”.

1）快。

2）快________。

3）快________。

4）快________。

5）快________。

3. 词语练习。请用“马上”完成下列句子。Complete the following sentences with “马上”.

1）救护车________就到。

2）我们________就去。

3）饿了吧？饭________就做好了。

4）等一下，我________就完。

5）这里危险，________离开。

旅店问题
Unit 13 Troubles at Hotels

必备用语 Key Expressions

◉ méi
没……
There is no…

◉ huài le
……坏了。
…is broken.

◉ shuǐ
水
Water

◉ méi rè liáng shuǐ
没（热/凉）水
There is no (hot/cold) water.

◉ tíng shuǐ
停水
cut off the water supply

◉ Shuǐ guǎn pò le
水管破了。
The water pipe is broken.

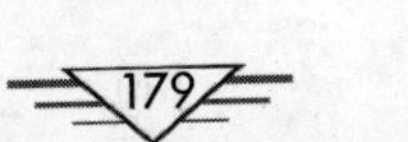

Fā shuǐ le
◉ 发水了。
There is a flood.

Xià shuǐ dào dǔ le
◉ 下水道堵了。
The drainage is blocked up.

Mǎ tǒng huài le
◉ 马桶坏了。
The toilet is broken.

Shuǐlóng tóu huài le
◉ 水龙头坏了。
The water faucet is broken.

diàn
◉ 电
Electricity

méi diàn
◉ 没电
There is no electricity.

tíng diàn
◉ 停电
power cut, power failure

méi yǒu nuǎn qì lěng qì
◉ 没有暖气/冷气
There is no central heating/ air conditioning

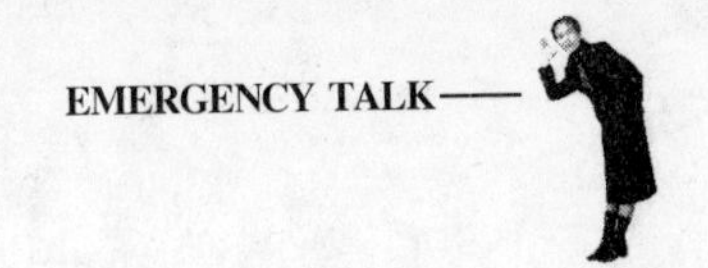

情景对话 Situational Dialogues

1. 没电 No electricity

Bǐ dé　Āi　zěn me méi diàn　Fú wù yuán　fángjiān méi diàn
彼得：哎，怎么没电？服务员，房间没电。
Peter：Hey，how come there is no electricity? Attendant，there is no electricity in the room.

Fú wù yuán　Nǐ de mén kǎ ne
服务员：你的门卡呢？
Attendant：Where is your door card?

Bǐ dé　Zài zhèr
彼得：在这儿。
Peter：Here it is.

Fú wù yuán　Jìn mén hòu　bǎ kǎ chā zài zhè lǐ　jiù yǒu diàn le
服务员：进门后，把卡插在这里，就有电了。
Attendant：After entering the room，insert the card here，then there'll be electricity.

Bǐ dé　Ō　zhī dào le　Xiè xie
彼得：噢，知道了。谢谢。
Peter：Oh，I see. Thank you.

Fú wù yuán　Bú kè qi　yǒu wèn tí jiù jiào wǒ
服务员：不客气，有问题就叫我。
Attendant：You're welcome. Please call me if you need anything.

Bǐ dé　Hǎo de
彼得：好的。
Peter：OK.

2. 没热水 No hot water

（Peter is ready to take a shower.）

Bǐ dé　Yō　hǎo liáng　méi yǒu rè shuǐ
彼得：哟，好凉！没有热水。

Peter：Wow，so cold！There is no hot water.

（A moment later）

Bǐ dé　Zěn me hái shì liáng de

彼得：怎么还是凉的？

Peter：Why is it still cold?

（Looking for the attendant）

Bǐ dé　Fú wù yuán　zěn me méi rè shuǐ

彼得：服务员，怎么没热水。

Peter：Attendant，why is there no hot water?

Fú wù yuán　Duì bù qǐ　rè shuǐ zhǐ yǒu zài wǎn shang jiǔ diǎn yǐ hòu cái yǒu

服务员：对不起，热水只有在晚上 9 点以后才有。

Attendant：I'm sorry. Hot water is only supplied after 9 pm.

Bǐ dé　Ō　shì zhè yàng a

彼得：噢，是这样啊。

Peter：Oh，I see.

（Thinking）

Bǐ dé　Nà hē de rè shuǐ yǒu ma

彼得：那喝的热水有吗？

Peter：What about hot water for drinking?

Fú wù yuán　Fáng jiān li yǒu hú　kě yǐ zì jǐ shāo

服务员：房间里有壶，可以自己烧。

Attendant：There is a pot in the room. You can heat up water yourself.

Bǐ dé　Míng bai le　Xiè xie

彼得：明白了。谢谢

Peter：I understand. Thank you.

Fú wù yuán　Bú kè qi

服务员：不客气。

Attendant：Not at all.

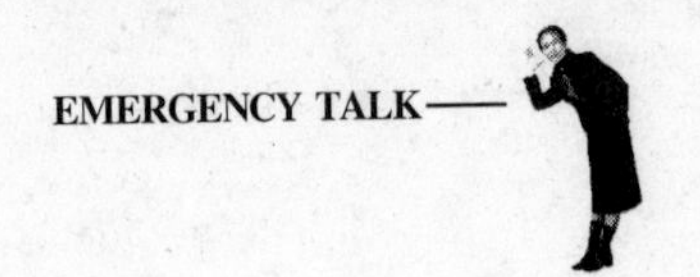

3. 马桶坏了 The toilet is broken

Dì èr tiān
（第二天）
（The next day.）

Bǐ dé Fú wù yuán mǎ tǒng huài le zǒng lòu shuǐ
彼得：服务员，马桶坏了，总漏水。
Peter：Attendant，the toilet is broken. It is always leaking water.

Fú wù yuán Zhī dào le wǒ men mǎ shàng qù xiū
服务员：知道了，我们马上去修。
Attendant：Ok. We'll get it repaired right away.

Bǐ dé Hái yǒu wǎn shang zǒng yǒu sāo rǎo diàn huà
彼得：还有，晚上总有骚扰电话。
Peter：And another thing，I get some harassment phone calls at night.

Fú wù yuán Shì ma
服务员：是吗？
Attendant：Really?

Bǐ dé Néng bù néng ràng zǒng jī bú yào bǎ zhè xiē sāo rǎo diàn huà jiē guò lái
彼得：能不能让总机不要把这些骚扰电话接过来？
Peter：Could you let the operator not to put these annoying phone calls through?

Fú wù yuán Chéng wǒ gēn zǒng jī shuō yí xià
服务员：成，我跟总机说一下。
Attendant：All right. I'll let the operator know.

Bǐ dé Má fan le
彼得：麻烦了。
Peter：Thank you.

Fú wù yuán Bù guò rú guǒ shì cóng lǚ guǎn nèi yòng fēn jī dǎ de jiù
服务员：不过，如果是从旅馆内用分机打的就

méi bàn fǎ le
没办法了。

Attendant：But if the call is dialed through internal extension，from inside the hotel，we can do nothing then.

Bǐ dé　Nǐ shì shuō kòng zhì bù liǎo le
彼得：你是说控制不了了。

Peter：You mean you can't control it at all?

Fú wù yuán　Duì
服务员：对。

Attendant：That's right.

Bǐ dé　Nà wǒ gāi zěn me bàn
彼得：那我该怎么办？

Peter：What should I do then?

Fú wù yuán　Zuì jiǎn dān de bàn fǎ jiù shì bǎ diàn huà xiàn xiān bá diào
服务员：最简单的办法就是把电话线先拔掉。

Attendant：The simplest way is to pull off the telephone line.

Bǐ dé　Hǎo zhǔ yi　zuó tiān wǒ zěn me méi xiǎng dào　hài de wǒ yì wǎn shang méi shuì hǎo jiào
彼得：好主意，昨天我怎么没想到，害得我一晚上没睡好觉。

Peter：That's a good idea. Why didn't I think of that yesterday? Those calls kept me awake at the whole night.

Fú wù yuán　Zhēn duì bù qǐ
服务员：真对不起。

Attendant：I'm so sorry.

Bǐ dé　Méi shì　zhè bú shì nǐ de cuò　Duō xiè nǐ de jiàn yì
彼得：没事，这不是你的错。多谢你的建议！

Peter：That's all right. It's not your fault. Thank you very much for your suggestion.

Fú wù yuán　Méi shén me　yīng gāi de
服务员：没什么，应该的。
Attendant：Not at all，it's my pleasure.

词汇 Vocabulary

对话 1

怎么　zěnme /how
没电　méi diàn/no electricity，no power
服务员　fúwùyuán/attendant，assistant
房间　fángjiān /room
门卡　ménkǎ /door card
进门　jìn mén/get in，come into
卡　kǎ /card
插　chā/insert
电　diàn /electricity，power
问题　wèn tí/problem
叫　jiào /call

对话 2

凉　liáng /cool，cold
热水　rèshuǐ /hot water
只有　zhīyǒu/no other than，none but
晚上　wǎnshang/evening
以后　yǐhòu /after，since，later
才　cái /only
喝　hē/drink

壶　hú /pot，bottle

烧　shāo/heat

明白　míngbai /understand，clear，see

对话 3

马桶　mǎtǒng /toilet

坏　huài/ be broken

漏水　lòu shuǐ /leak water

修　xiū /repair

总　zǒng /always

骚扰　sāorǎo /annoy，bother，harass

电话　diànhuà/telephone

让　ràng /let

总机　zǒngjī /operator

接过来　jiē guòlái /put through

麻烦　máfan/bother，trouble

旅馆　lǚguǎn/hotel

分机　fēnjī /extention

没办法　méi bànfǎ / have no other way

控制不了　kòngzhì bù liǎo /uncontrollable，can't control

最简单的　zuì jiǎndān de /the simplest

办法　bànfǎ /method

拔掉　bádiào /pull off

主意　zhǔyi/idea

昨天　zuótiān /yesterday

想到　xiǎngdào / think of

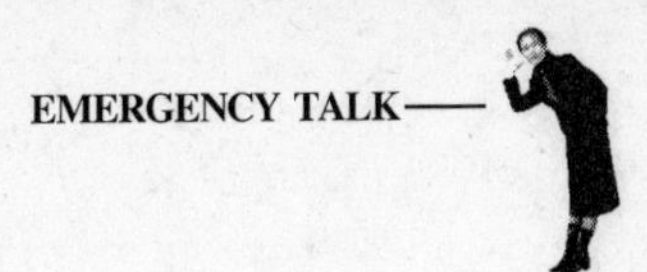

害 hài /cause

睡好觉 shuì hǎo jiào /sleep well

错 cuò/wrong

建议 jiànyì/ suggestion

相关用语 Relevant Expressions

◉ 毛巾 (máo jīn)
towel

◉ 牙刷 (yá shuā)
toothbrush

◉ 水杯 (shuǐ bēi)
cup

◉ 浴巾 (yù jīn)
bath towel

◉ 浴帽 (yù mào)
bath cap

◉ 洗发水 (xǐ fā shuǐ)
shampoo

◉ 浴液 (yù yè)
bath lotion, body foam, shower cream

shū zi
◉ 梳子
comb，hairbrush

tǎn zi
◉ 毯子
blanket

bèi zi
◉ 被子
quilt

diànhuà
◉ 电话
telephone

diàn shì
◉ 电视
TV

kōngtiáo
◉ 空调
air condition

yào shi
◉ 钥匙
key

fángjiān
◉ 房间
room

语言文化小贴士
Language Tips

在中国人们通常不习惯喝冰水，所以在旅馆一般没

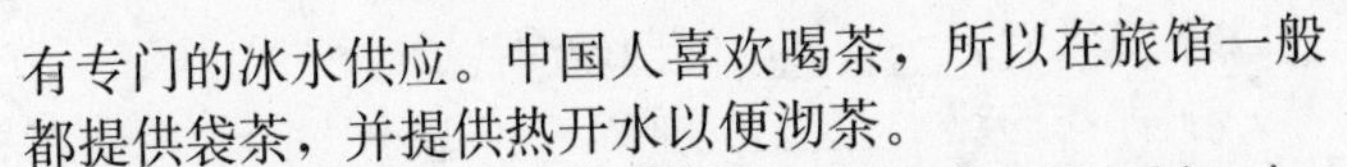

有专门的冰水供应。中国人喜欢喝茶，所以在旅馆一般都提供袋茶，并提供热开水以便沏茶。

In China people are not accustomed to drinking ice water, so usually in an ordinary hotel no ice water is supplied. Chinese people like to drink tea, so tea bags are usually provided in hotels, and hot water is supplied to make tea.

练 习 Exercises

1. 请说出三个旅馆常见的问题。Please list three commonly encountered problems in a hotel.

1) ____________________

2) ____________________

3) ____________________

2. 请用“没”和“有”完成下列句子。Complete the following sentences with“没”and“有”.

1) 服务员，房间__________电。

2）不客气，________问题就叫我。

3）那喝的热水________吗？

4）不过，如果是从旅馆内用分机打的就________办法了。

5）好主意，昨天我怎么________想到。

3. 根据英文，说出正确的中文意思。Say the correct Chinese meanings for the English words/phrases listed.

1）hotel attendant

2）electricity

3）problem

4）hot water

5）pot

6）repair

7）be broken

8）leak（water）

9）method

10）suggestion

答案 Answers：

2.

1）没

2）有

3）有

4）没

5）没

3.

1）服务员

2）电

3）问题

4）热水

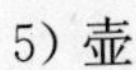

5）壶
6）修
7）坏
8）漏水
9）办法
10）建议

求 助
Unit 14 Seeking Help

必备用语
Key Expressions

Qǐngwèn jǐ diǎn le
◉ 请问几点了?
Excuse me, what's the time now?

Néng bāng wǒ zhào zhāng xiàng ma
◉ 能帮我照张相吗?
Can you help me take a picture?

Néng jiè gè huǒ ma
◉ 能借个火吗?
Do you mind giving me a light?

Néng jiè diǎnr qián ma
◉ 能借点儿钱吗?
Would you lend me some money?

Néng bāng wǒ huàn yí xià líng qián ma
◉ 能帮我换一下零钱吗?
Would you help me with some change?

Néng bāng wǒ dǎ gè diàn huà ma
◉ 能帮我打个电话吗?
Would you help me make a phone call?

Zhè shì diàn huà hào mǎ
◉ 这是电话号码。

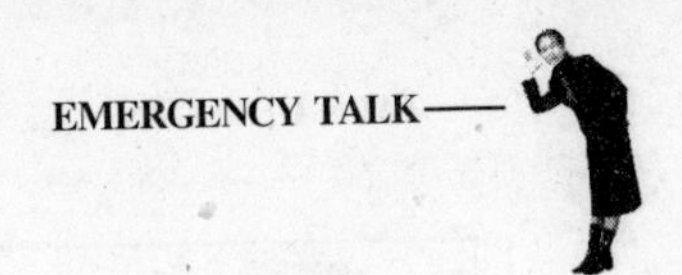

This is the telephone number.

Néng bāng wǒ zhǎo yí gè rén ma
◉ 能帮我找一个人吗?
Would you help me look for someone?

Néng gěi wǒ jiào yí xià zhè gè rén ma
◉ 能给我叫一下这个人吗?
Would you call this person for me?

Néng jiè nǐ de shǒu jī diàn chí yòng yí xià ma
◉ 能借你的手机电池用一下吗?
Can I borrow your cell phone battery for a moment?

Wǒ de shǒu jī méi diàn le
◉ 我的手机没电了。
My cell phone has run out of battery.

Nǎ lǐ néng mǎi dào diàn chí
◉ 哪里能买到电池?
Where can I buy battery?

Láo jià Nǎ lǐ yǒu cè suǒ
◉ 劳驾,哪里有厕所?
Excuse me, where is the restroom?

Néng yòng yí xià wèi shēng jiān ma
◉ 能用一下卫生间吗?
May I use the restroom?

Láo jià Néng dā chē ma
◉ 劳驾,能搭车吗?
Excuse me, could you give me a lift?

情景对话 Situational Dialogues

1. 请求帮助 Asking for help

1)(At a scenic spot)

Bǐ dé Qǐng wèn xiān sheng jǐ diǎn le
彼得：请问先生几点了?

Peter: Excuse me, what's the time?

Yì nán zǐ shí diǎnbàn le
一男子：10点半了。

Man: Ten thirty.

Bǐ dé Ō Hái yǒu néng bāng máng gěi wǒ zhào zhāng xiàng ma
彼得：噢，还有，能帮忙给我照张相吗?

Peter: Oh, and would you help me take a picture?

Yì nán zǐ Kě yǐ
一男子：可以。

Man: Sure.

Bǐ dé Xiè xie
彼得：谢谢!

Peter: Thank you.

2)(Beside a telephone booth)

Bǐ dé Láo jià néng bāng wǒ huàn yí xià líng qián ma Wǒ xiǎng dǎ diàn huà
彼得：劳驾，能帮我换一下零钱吗?我想打电话。

Peter: Excuse me, would you help me with some change?

Yì nán zǐ Huàn duō shao
一男子：换多少?

Man: How much would you like to change?

Bǐ dé Liǎng gè yí kuài qián yìng bì
彼得：两个1块钱硬币。

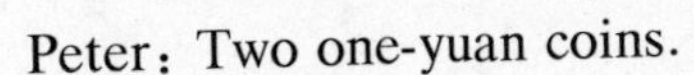

Peter：Two one-yuan coins.

Yì nán zǐ　Gěi nǐ
一男子：给你。
Man：Here you are.

Bǐ dé　Xiè xie
彼得：谢谢。
Peter：Thanks.

2. 借用别人东西 Borrowing things from others

1)

Bǐ dé　Xiān sheng　néng jiè gè huǒ ma
彼得：先生，能借个火吗？
Peter：Would you mind giving me a light，sir?

Yì nán zǐ　Shén me
一男子：什么？
Man：What?

Bǐ dé　Néng jiè nín de dǎ huǒ jī yòng yí xià ma
彼得：能借您的打火机用一下吗？
Peter：Can I borrow your lighter for a moment?

Yì nán zǐ　Kě yǐ
一男子：可以。
Man：Sure.

2)

Bǐ dé　Xiǎoguāng　Néng yòng yí xià nǐ de shǒu jī ma
彼得：小光，能用一下你的手机吗？
Peter：Xiaoguang，can I use your cell phone?

Xiǎoguāng　Gàn má
小光：干吗？
Xiaoguang：What for?

Bǐ dé　Dǎ gè diàn huà　Wǒ de shǒu jī méi diàn le
彼得：打个电话。我的手机没电了。
Peter：To make a phone call. My cell phone is out of

battery.

Xiǎoguāng Hǎo shěng zhe diǎnr yòng
小光：好，省着点儿用。

Xiaoguang：OK. But don't overuse it.

（Calling）

Bǐ dé Xiǎoguāng yǒu bǐ hé zhǐ ma
彼得：小光，有笔和纸吗？

Peter：Xiaoguang，have you got a pen and paper？

Xiǎoguāng yòu gàn má
小光：又干吗？

Xiaoguang：Again for what？

Bǐ dé Yòng yí xià jì gè dì zhǐ hé diàn huà hào mǎ
彼得：用一下，记个地址和电话号码。

Peter：To write down an address and a telephone number.

（After calling，he returns the cell phone back to Xiaoguang.）

Bǐ dé Xiǎoguāng
彼得：小光……

Peter：Xiaoguang…

Xiǎoguāng Zhè cì yòu yào shá Bú huì shì yào qián ba
小光：这次又要啥？不会是要钱吧？

Xiaoguang：What do you want this time？I hope it's not money.

Bǐ dé Zhèng shì Néng jiè diǎnr qián ma Yǒu jí yòng
彼得：正是。能借点儿钱吗？有急用。

Peter：Right on. Can you lend me some money？I need some urgently.

Xiǎoguāng Zhè rén gǎn qing shén me dōu méi yǒu zhǐ huì xiàng rén jiā jiè ya
小光：这人，敢情什么都没有，只会向人家借呀！

Xiaoguang：Poor thing，so he has nothing at all and only knows how to borrow things from others.

词汇 Vocabulary

对话 1

1）

先生　xiānsheng / sir

几点　jǐdiǎn/what time

半　bàn / half

帮忙　bāngmáng/ help

照相　zhàoxiàng / take a picture

2）

劳驾　láojià / excuse me

换　huàn / exchange

零钱　língqián / small change

打电话　dǎdiànhuà/ make a phone call；call

硬币　yìngbì/ coin

对话 2

1）

借　jiè/ borrow，lend

火　huǒ / light，fire

打火机　dǎhuǒjī / lighter

2）

省　shěng / save

笔 bǐ/ pen

纸 zhǐ / paper

记 jì/ write down

地址 dìzhǐ / address

电话号码 diànhuà hàomǎ / telephone number

借钱 jièqián / borrow money

急用 jíyòng / urgent use

敢情 gǎnqing / why, so, I say

只会 zhǐhuì/ can do nothing but, can only

相关用语 Relevant Expressions

◉ 洗手间 (xǐ shǒu jiān)

restroom, toilet

◉ 大票 (dà piào)

banknotes of large denomination

◉ 整钱 (zhěng qián)

banknotes of large denomination

◉ 找不开 (zhǎo bù kāi)

unable to give change

语言文化小贴士 Language Tips

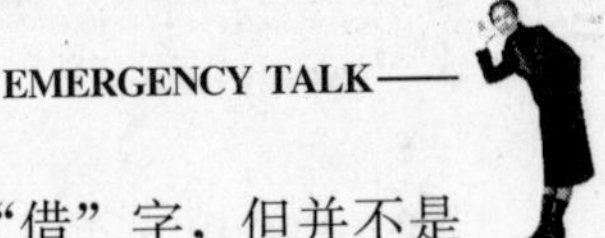

借光和借火这两个词虽然都带“借”字，但并不是都表示借东西的意思。借光跟借没有关系，是客套话，用于请别人给自己方便或向人询问，意思与“劳驾”相同。例如：借光，让一下。借火跟借有关系，是吸烟时向别人借用引火的东西，如打火机、火柴等或利用别人点燃的烟来引火。例如：劳驾，借个火。

Both “jièguāng” and jièhuǒ” have the character “jiè (borrow/lend)” in it, but not both of them have the meaning of borrowing or lending in them. “Jiè guāng” has nothing to do with the meaning of “borrow or lend”. It is a standard word used before asking for help/favor or before inquiring something. It has a similar meaning to “láojià” (excuse me). For example: Excuse me, please let me pass (make way). “Jièhuǒ”

has something to do with the meaning of "borrow or lend". It means to borrow something from a smoker, to ignite one's own cigarette, such as a lighter, or a match. For example: Excuse me, would you mind giving me a light?

练 习 Exercises

1. 根据提示，向别人求助。 Ask for help according to the hints given.

没有带手表，想知道时间。

想抽烟，没有带打火机。

想找人帮助给自己照张像。

2. 根据提示，完成下列对话。 Complete the following dialogues.

1) A：劳驾，能帮我换一下零钱吗？

B：干什么？

A：________________。

2) A：________________？

B：干什么？

A：记个地址和电话号码。

3) A：________________？

B：干什么？

A：有急用。我的钱不够。

3. 根据英文，说出正确的中文意思。 Say the correct Chinese meaning for the English words/phrases listed.

1) help

2) take a picture

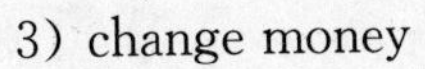

3) change money
4) borrow
5) pen
6) paper
7) urgent use
8) watch
9) Excuse me
10) coin

答案 Answers:

2.
1) 我想打电话
2) 有笔和纸吗?
3) 能借点儿钱吗?

3.
1) 帮忙
2) 照相
3) 换钱
4) 借
5) 笔
6) 纸
7) 急用
8) 手表
9) 劳驾
10) 硬币

常 识
Unit 15 General Knowledge

必备用语
Key Expressions

zhōng mén shàng chē
◉ 中门上车
get on (board) the bus at the middle door

hòu mén xià chē
◉ 后门下车
get off the bus (alight) at the back door

shàng chē tóu bì
◉ 上车投币
pay into the machine when getting on the bus

bù zhǎo líng qián
◉ 不找零钱
have no change

tóu bì diàn huà
◉ 投币电话
coin phone

qǐng nín cún bāo
◉ 请您存包
Please deposit your bag

Cún bāo chù zài nǎr
◉ 存包处在哪儿?

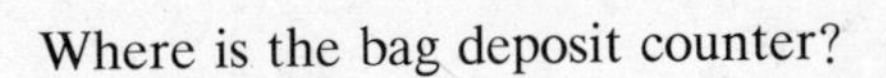

Where is the bag deposit counter?

Cún bāo duō shao qián
◉ 存包多少钱?
How much is it to deposit my bags?

méi yǒu líng qián
◉ 没有零钱
no small change

nǎr huàn líng qián
◉ 哪儿换零钱?
Where can I get small change?

nǎr néng xǐ yùn yī fu
◉ 哪儿能洗/熨衣服?
Where is the laundry? /Where can I iron my clothes (get my clothes ironed)?

Xǐ yī jiàn cì duōshaoqián
◉ 洗一件/次多少钱?
How much is it to have one piece washed / per time?

nǎr yǒu gōnggòng diànhuà
◉ 哪儿有公共电话?
Where can I find a public phone?

kǎ
◉ IC 卡
IC card

kǎ
◉ IP 卡
IP card

情景对话 Situational Dialogues

1. 外出乘车、打电话 Outing by bus and making phone calls

Xiǎoguāng　Bǐ dé　nǐ zhī dào ma　xiàn zài zuò gōng jiāo chē yě kě yǐ shuā kǎ le

小光：彼得，你知道吗？现在坐公交车也可以刷卡了。

Xiaoguang：Peter，do you know you can also use a kind of prepaid card to take the bus now?

Bǐ dé　Zhēn de　Yòng shén me kǎ

彼得：真的。用什么卡？

Peter：Really. What card is it?

Xiǎoguāng　kǎ　Zhè yàng jiù bú yòng zǒng wèi líng qián fàn nán le

小光：IC卡。这样就不用总为零钱犯难了。

Xiaoguang：IC card. In this way you won't have to bother about having change any more.

Bǐ dé　Shì a　yǐ qián shàng chē tóu bì　bù zhǎo líng qián

彼得：是啊，以前上车投币，不找零钱。

Peter：Yes. In the past，you had to pay into the machine when getting on the bus and it never gave change.

XiǎoGuāng　Xiàn zài gēn dǎ diàn huà yí yàng le　Āi　dǎ diàn huà nǐ yòng　kǎ hái shì　kǎ

小光：现在跟打电话一样了。哎，打电话你用IC卡还是IP卡？

Xiaoguang：Now it is the same as making a phone call. Well，which card do you use to make phone calls，IC card or IP card?

Bǐ dé　Wǒ dōu bú yòng　ǒu ěr dǎ yí cì jiù tóu bì

彼得：我都不用，偶尔打一次就投币。

Peter：Neither. I use coins since I only call once in a while.

Xiǎoguāng Hái shì mǎi yí gè fāng biàn xiē
小光：还是买一个方便些。
Xiaoguang：It's more convenient to buy one anyway.

Bǐ dé Duì shěng de zǒng yào liú yì xiē yìng bì yòng lái dǎ diàn huà huò qù chāo shì cún bāo yòng
彼得：对，省得总要留一些硬币用来打电话或去超市存包用。
Peter：Right. It is more convenient than always having to remember to keep some coins for making phone calls or depositing bags in the supermarket.

Xiǎoguāng Kě bú shì ma Fǒu zé nǐ jiù děi dào chù zhǎo dì fang huàn líng qián Zhēn má fan
小光：可不是吗？否则你就得到处找地方换零钱。真麻烦。
Xiaoguang：You're right. Otherwise you'll have to look all over for places to get small change. It's really troublesome.

Bǐ dé Tīng shuō dì tiě yǐ hòu yě yào cǎi yòng shuā kǎ de fāng fǎ ne
彼得：听说地铁以后也要采用刷卡的方法呢！
Peter：I heard that the subway will adopt the card system as well soon.

Xiǎoguāng Tài hǎo le zhè yàng chū mén jiù gèng fāng biàn le
小光：太好了，这样出门就更方便了。
Xiaoguang：That's terrific. It will be more convenient in this way.

2. 洗衣店 At the laundry

Bǐ dé Zhè fù jìn nǎr yǒu xǐ yī fu de dì fang
彼得：这附近哪儿有洗衣服的地方？
Peter：Is there a laundry shop near here?

Xiǎoguāng Bīn guǎn li yǒu xǐ yī fáng zhǔ yào wèi fáng kè xǐ yī fu
小光：宾馆里有洗衣房，主要为房客洗衣服。
Xiaoguang: There is a laundry room in the hotel. It provides services to hotel guests.

Bǐ dé Dà jiē shang yǒu xǐ yī diàn ma
彼得：大街上有洗衣店吗？
Peter: Is there a laundry shop outside the hotel?

Xiǎoguāng Yīng gāi yǒu Nǐ xiǎng xǐ shén me yī fu
小光：应该有。你想洗什么衣服？
Xiaoguang: There should be. What kind of clothes do you want to wash?

Bǐ dé Xǐ jǐ jiàn chèn yī
彼得：洗几件衬衣。
Peter: I want to wash some shirts.

Xiǎoguāng Gān xǐ hái shì shī xǐ
小光：干洗还是湿洗？
Xiaoguang: Dry clean or normal wash?

Bǐ dé Shī xǐ rán hòu yùn gān
彼得：湿洗，然后熨干。
Peter: Normal wash, and then iron.

Xiǎoguāng Ō zhǎn lǎn guǎn páng biān yǒu gè xǐ yī diàn nǐ qù kàn kàn
小光：噢，展览馆旁边有个洗衣店，你去看看。
Xiaoguang: Oh, there is one beside the exhibition hall. You can go take a look.

Bǐ dé Hǎo de
彼得：好的。
Peter: OK.

(At the laundry)

Bǐ dé Shī fu xǐ yī fu
彼得：师傅，洗衣服。

Peter：Sir，I'd like to have my clothes washed.

Diànyuán　Lái le　Xǐ shén me
店员：来了。洗什么？

Clerk：I'm coming. What do you want to wash?

Bǐ dé　Sān jiàn chèn yī　yì tiáo kù zi
彼得：三件衬衣，一条裤子。

Peter：Three shirts and a pair of trousers.

Diànyuán　nín shén me shí hou yào
店员：您什么时候要？

Clerk：When do you want it done?

Bǐ dé　Yuè kuài yuè hǎo
彼得：越快越好。

Peter：The sooner the better. / As soon as possible.

Diànyuán　Zuì kuài míng tiān xià wǔ qǔ
店员：最快明天下午取。

Clerk：The earliest time will be tomorrow afternoon.

Bǐ dé　Xíng　xǐ yí jiàn duō shao qián
彼得：行，洗一件多少钱？

Peter：OK. How much do you charge for one?

Diànyuán　Chèn yī bā yuán　kù zi shí yuán
店员：衬衣8元，裤子10元。

Clerk：Eight yuan for a shirt，ten yuan for a pair of trousers.

Bǐ dé　Yí gòng duō shao qián
彼得：一共多少钱？

Peter：How much all together?

Diànyuán　sānshísì yuán
店员：34元。

Clerk：Thirty-four yuan.

Bǐ dé　Gěi
彼得：给。

Peter：Here you are.

Diànyuán　Shōu nín yìbǎi yuán　zhǎo nín liùshíliù　Zhè shì qǔ yī dān
店员：收您100元，找您 66 。这是取衣单。
Clerk：Out of 100 yuan from you，here is 66 yuan change. This is the collection receipt.

Bǐ dé　Míng tiān jiàn
彼得：明天见。
Peter：See you tomorrow.

Diànyuán　Zài jiàn
店员：再见。
Clerk：See you.

词汇 Vocabulary

对话 1

坐　zuò/ sit
公交车　gōngjiāochē / bus
刷卡　shuākǎ/ swipe card
零钱　língqián/ small change
犯难　fànnán/ have trouble
以前　yǐqián / before；ago
上车　shàngchē/ get on；board
投币　tóubì / insert coin
找零钱　zhǎo língqián / give change
买　mǎi / buy
偶尔　ǒu'ěr/ now and then；once in a while
方便　fāngbiàn / convenience
省得　shěngde/ save
总要　zǒngyào/ always

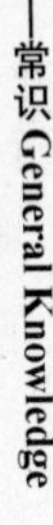

留 liú / keep
硬币 yìngbì / coin
超市 chāoshì / supermarket
存包 cúnbāo/ deposit bag
否则 fǒuzé/ otherwise
听说 tīngshuō/ heard
地铁 dìtiě / subway
采用 cǎiyòng / adopt；use
方法 fāngfǎ / method

对话 2

洗衣服 xǐ yīfu / wash clothes
宾馆 bīnguǎn/ hotel
洗衣房 xǐyīfáng/ laundry room
主要 zhǔyào / main
房客 fángkè / lodger，tenant，guest
大街上 dàjiēshang/ on the street
洗衣店 xǐyīdiàn / laundry shop
洗 xǐ/wash
衣服 yīfu / clothes
衬衣 chènyī / shirt
干洗 gānxǐ / dry clean
湿洗 shīxǐ/ wash
熨干 yùngān/ iron
展览馆 zhǎnlǎnguǎn / exhibition hall
旁边 pángbiān / beside
师傅 shīfu / master，sir
裤子 kùzi / trousers

越……越……　yuè. . .　yuè. . .　/ more…more…
最快 zuìkuài　/ the fastest
明天 míngtiān　/ tomorrow
下午 xiàwǔ　/ afternoon
收 shōu　/ receive
找 zhǎo　/ look for
取衣单 qǔ yī dān　/ collection receipt

相关用语 Relevant Expressions

diànhuàtíng
◉ 电话亭
telephone booth

qīng guǐ
◉ 轻轨
subway

diànchē
◉ 电车
trolley bus

wú guǐ diànchē
◉ 无轨电车
trolley bus

gōnggòng qì chē
◉ 公共汽车
bus

chéng tiě
◉ 城铁

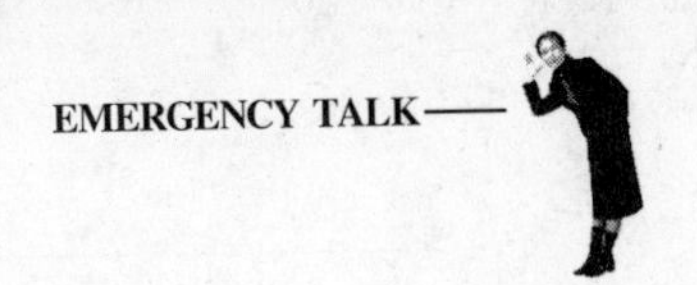

subway

bàotíng
◉ 报亭
newspaper booth (stand)

语言文化小贴士
Language Tips

1. 中国人常常把离开家说成“出门”，去远的地方如外地就说“出远门”，而出去买东西或干什么，就说“上街”，去别人家玩儿，就说“串门”。

Chinese people often say “chū mén” for leaving home, “chū yuǎn mén” for going to a faraway place such as other cities or provinces. They say “shàng jiē” when they go shopping or to do something, and say “chuàng mén” when going to someone else's home.

2. 如今在中国人们的联络方式多种多样，从最早的书信、电报、电传、电话已经发展到了明信片、贺卡、寻呼机、传真、电话留言、手机、短信、电子邮件、对讲机、语音信箱、可视电话等，连传统的拜年都时兴起短信拜年、电话拜年了。随着科技的发展，人们相互沟通的渠道还会更多。

Today, Chinese people have various ways of communication. From letters, telegrams, telex, telephones of the earlier times to postcards, greeting cards, beepers, fax, telephone messages, cell phones, short messages, e - mails, interphones (Walkie - Talkie), voice mails, and visual (video) phones, etc. Even traditional New Year greetings have changed into fashionable short message greetings and telephone greetings. Along

with the development of science and technology, communicational channels between people will increase and become more sophisticated.

练　习 Exercises

1. 根据所给词语，做三个小对话。Make three simple dialogues with the words given.

1）哪里　洗衣店　附近　前面　不远

2）洗什么　干洗　湿洗　裤子　衬衣

3）几天　钱　要　取　取衣单

2. 请说出三个需要用硬币或零钱的地方。Please list three occasions where coins or small change are needed.

3. 请将下列陈述句变成疑问句。Please change the

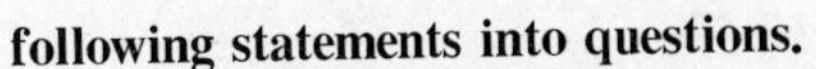

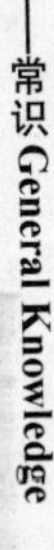

following statements into questions.

1）这附近有洗衣服的地方。（哪儿）

2）大街上有洗衣店。（吗）

3）我明天要。（什么时候）

4）我用 IC 卡。（什么）

答案 Answers：

2.

打投币电话

存包

坐公交车

3.

1）这附近哪儿有洗衣服的地方？

2）大街上有洗衣店吗？

3）你什么时候要？

4）你用什么卡？

责任编辑：贾寅淮　任　蕾
英文编辑：韩　晖　韩芙芸　翟淑蓉
封面设计：唐少文
插　　图：宋　琪
印刷监制：佟汉冬
图书在版编目(CIP)数据

应急口语/李淑娟主编.—北京：华语教学出版社，2006
(脱口说汉语)
ISBN 7-80200-224-9
Ⅰ.应...　Ⅱ.李...　Ⅲ.汉语－口语－对外汉语教学－教材　Ⅳ.H195.4

中国版本图书馆 CIP 数据核字(2006)第 112610 号

脱口说汉语
应急口语
主编　李淑娟
英文改稿　ANDY TAN
*

华语教学出版社出版
(中国北京百万庄路 24 号)
邮政编码 100037
电话：(86)10-68995871
传真：(86)10-68326333
电子信箱：fxb@sinolingua.com.cn
北京外文印刷厂印刷
中国国际图书贸易总公司海外发行
(中国北京车公庄西路 35 号)
北京邮政信箱第 399 号　邮政编码 100044
新华书店国内发行
2006 年(32 开)第一版
(汉英)
ISBN 7-80200-224-9(外)
9-CE-3766P
定价：32.00 元